W0108133

styleguide Amsterdam

styleguide Amsterdam

eat
shop
love it

Monique van den Heuvel

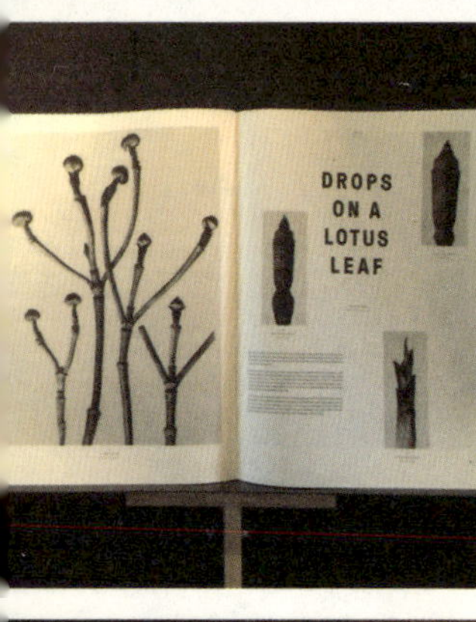
DROPS
ON A
LOTUS
LEAF

APPELHOENTJE
ERS GEGRILDE KIPFILET. LE PUY LINZ
ASTINAAK, RAMMENAS & CASHEW
BOER ZOEKT WORS
OOKWORST, BOERENKOOL, ZUURKOOL E
EBAKKEN UITJES. MET HUISGEMAA
SJAKIE EN DE BONE
MENGDE BONEN, PADDENSTOELENM
BAKKEN SPEKBLOKJES. MET YOGH

INHALT

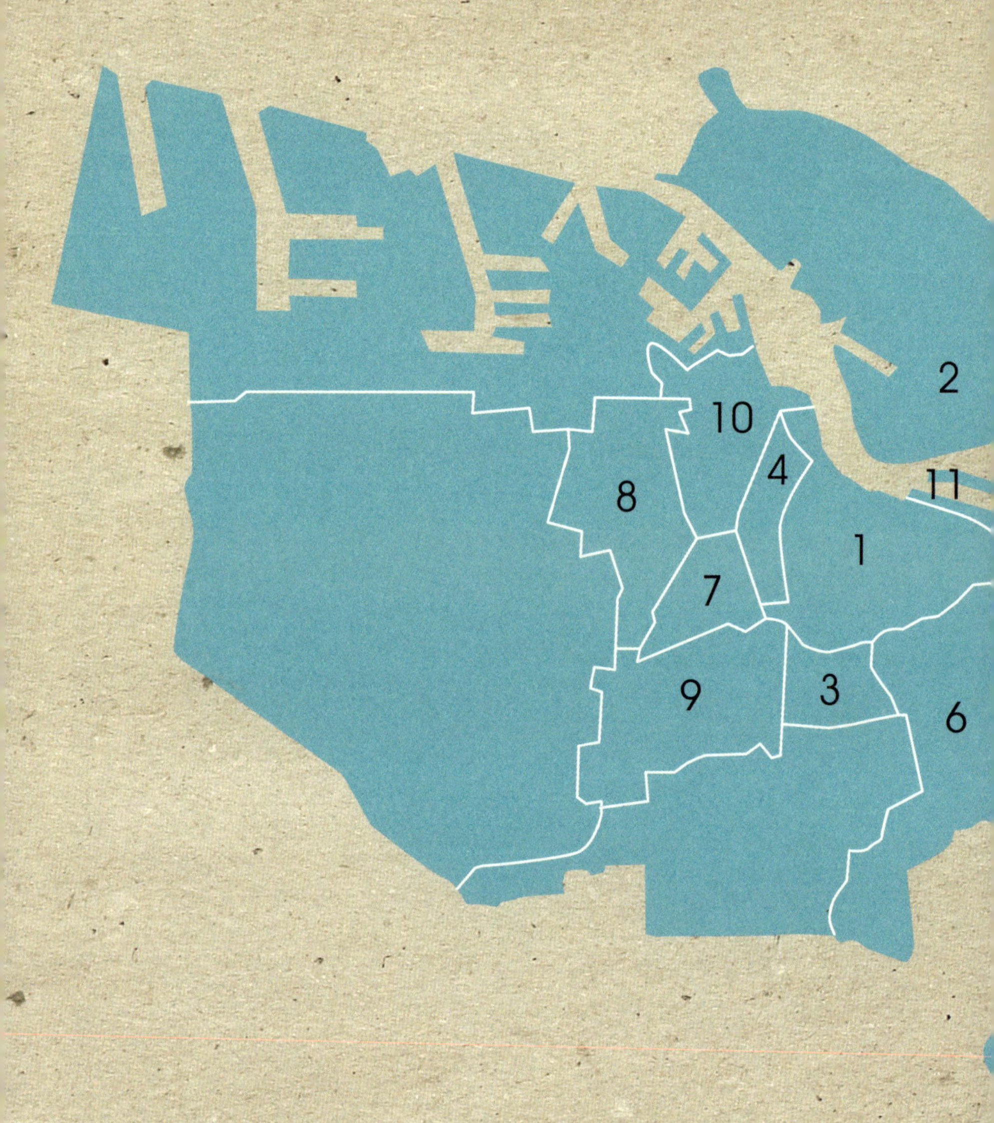
10
2
4
11
8
1
7
9
3
6

AMSTERDAM

1. CENTRUM
2. NOORD
3. DE PIJP
4. DE JORDAAN
5. INDISCHE BUURT
6. OOST & WATERGRAAFSMEER
7. OUD-WEST
8. DE BAARSJES & BOS EN LOMMER
9. OUD-ZUID
10. WESTERPARK
11. OOSTELIJK HAVENGEBIED

WILLKOMMEN IN AMSTERDAM

Amsterdam ist eine Stadt, die immer wieder überrascht und begeistert – eine attraktive Metropole, aber auch ein Dorf, in dem man ständig Bekannte triffft. Es sind diese scheinbaren Gegensätze, die die Stadt so besonders machen. Seit über 20 Jahren wohne ich dort schon sehr, sehr gerne.

In Amsterdam spürt man überall die Inspiration und ständige Veränderung. Viertel und Orte, die man früher eher mied, sind plötzlich im Trend. Die »Indische Buurt« (Indonesisches Viertel) ist eine solche Gegend, die ich noch vor Kurzem links liegen ließ, die jetzt aber vor Kreativität und Innovation überquillt. Ähnlich verhält es sich mit De Baarsjes und Bos en Lommer. Und Noord, wo früher die Schiffswerften waren, versprüht heute den rauen Charme alter Industrieanlagen. Hier findet man zwischen Fabrikhallen einen beschaulichen Stadtstrand und einen DDR-Vintage-Store.

Sich in der Stadt treiben zu lassen, an den Grachten entlangzuschlendern oder zu radeln, durch schmale Gassen, an pittoresken Innenhöfen und Plätzen vorbei – das ist für mich das Schönste. Ich gehe immer die Wege abseits der ausgetretenen Pfade auf der Suche nach verborgener Schönheit. Meist findet man sie im Unerwarteten.

In diesem Buch möchte ich die Orte in Amsterdam vorstellen, die mich begeistern und an denen Gäste vielleicht vorbeilaufen würden. Sie finden hier kleine Geschäfte in den Nebenstraßen, Märkte mit lokalen Produkten in alten Fabrikhallen, Kaffeebars, in denen man mit den Einheimischen ins Gespräch kommt, Orte zum Entspannen mit Terrasse und Hängematten, alte Theater und Lunchcafés, die allein wegen ihrer Einrichtung einen Besuch wert sind.

Ich liebe kleine Läden und Oasen, die mit viel Liebe geführt werden, die anders sind als andere, wo man ein Schwätzchen mit dem Inhaber halten kann, wo ich mich willkommen und zu Hause fühle. Wo die Produkte sorgfältig ausgewählt und handgemacht sind, von lokalen Designern mit Respekt für Mensch und Natur. Wo man gesund und biologisch essen kann und auch vegetarisch. Hier ist es kreativ, überraschend, innovativ und manchmal sehr klassisch, aber unglaublich gut. Amsterdam hat so viele schöne, verborgene Orte.

Ich hoffe, Ihnen in diesem Buch Seiten von Amsterdam zu zeigen, die Sie sonst niemals entdeckt hätten. Und ich hoffe, dass Sie diese Stadt genauso genießen werden wie ich.

Enjoy!
Monique

Für weitere Inspirationen zu Amsterdam folgen Sie mir auch auf Instagram (@moniquevdheuvel).

SIR HUMMUS

ROOMSERVICE
CAFE &
DESIGN
AT WELTEVREE
GARDEN
THE COURTYARD
AND THE LIBRARY

AMSTERDAM IN 24 STUNDEN

Dürfte ich aus den Orten in diesem Buch ein Programm für 24 Stunden zusammenstellen, würde es so aussehen:
Meinen ersten Latte Macchiato des Tages genieße ich zusammen mit einem Croissant im wunderschönen **RUM BABA** (Seite 172). Mit dem Smartphone suche ich den Weg zum Bakblik und nehme von dort noch ein paar Lavendelkekse für unterwegs mit. Dann radle ich in den **FLEVOPARK** (Seite 165), um einen Morgenspaziergang zu machen und mich an den herrlichen Rhododendren zu erfreuen. Nach so viel Bewegung habe ich Appetit auf Hummus der israelischen Brüder von **SIR HUMMUS** (Seite 104) bekommen, die alles frisch und nach einem geheimen Rezept zubereiten. Am Nachmittag gehe ich shoppen. Erst zu **ALL THE LUCK IN THE WORLD** (Seite 98), wo ich ein kleines, handgefertigtes Kunstwerk eines jungen Designers kaufe. Ich lasse mich gerne vom Unbekannten inspirieren. Darum nehme ich nun die Fähre über das IJ und besuche das Atelier von **VLINDER & VOGEL** (Seite 58). Dort suche ich mir eine hübsche Postkarte mit getrockneten und gepressten Blumen aus. Jetzt geht es weiter per Fahrrad quer durch das raue Amsterdam Noord mit seinem Industrie-Charme, denn bei **BLOM & BLOM** (Seite 83) möchte ich das Vintage-Design aus der ehemaligen DDR bewundern. Müde, aber zufrieden lasse ich mich schließlich auf eine der Bootsbänke bei **DE CEUVEL** (Seite 86) fallen, einer Chill-out-Location am Wasser, die komplett nachhaltig betrieben wird.
Abends freue ich mich über eine echt italienische Pasta im **KOEVOET** (Seite 128), in dem es noch aussieht wie in einer Kneipe des Jordaan zu Beginn des letzten Jahrhunderts. Nach dem guten Essen besuche ich eine Theatervorstellung im winzigen **ROODE BIOSCOOP** – mittwochs werden dort Lieder aus dem Jordaan gesungen (Seite 22). Im **HOTEL DROOG** (Seite 34), das nur aus einem Zimmer besteht, lasse ich den Abend im Designladen in der obersten Etage ausklingen.

SHOPPEN

1 I LOVE VINTAGE
2 SUKHA
5 &KLEVERING
6 RESTORED
10 ANNA + NINA
15 1027
16 LOCALS
18 LIKESTATIONERY
19 LAURA DOLS
21 J.C. HERMAN
22 THE OTHERIST
23 MARIE STELLA MARIS
26 HAARBARBAAR
28 VLINDER & VOGEL

ESSEN & TRINKEN

3 VINNIES
7 MEDITERRANE
8 KOKO COFFEE & DESIGN
12 BAKHUYS
13 METROPOLITAN
14 CENTRA
17 VAN STAPELE
20 DR. BLEND
24 VEGABOND
27 AMSTERDAM ROEST
29 INSTOCK
30 BACK TO BLACK

SCHLAFEN

11 HOTEL DROOG

KULTUR

4 ROODE BIOSCOOP
25 DE UITKIJK

MÄRKTE

9 BOERENMARKT

CENTRUM

Im Centrum von Amsterdam laden die Grachten zum endlosen Schlendern ein. Oder vielleicht ist es noch hübscher, mit dem Boot durch die Kanäle zu fahren. Wenn Sie den vollen Straßen mit Sperrketten und langen Schlangen vor den Museen entkommen möchten, lohnt es sich, die ausgetretenen Pfade zu verlassen. Die Amsterdamer meiden grundsätzlich die belebten Ecken. Bummeln Sie durch die Seitengassen der breiten Grachten und hektischen Straßen. Rund um die Haarlemmerstraat, die Utrechtsestraat, das Spui und den Waterlooplein werden Sie viele schöne kleine Läden entdecken.

1. I LOVE VINTAGE

Sie lieben Vintage- und Retrokleidung aus den Goldenen Zwanzigern, den Fünfzigern oder Sechzigern, aber sie soll ungetragen sein? Bei I love vintage hängen ausschließlich neue Vintage-Schätze (also auch in verschiedenen Größen). Und man findet viele attraktive Marken wie Betty Page, Hell Bunny und das nachhaltige Label Bannou der Gründerin Faranak. Die einzigen echten Vintage-Artikel sind die Stiefel- und Taschenunikate. Schauen Sie auch mal in den Webshop. Mir persönlich macht allerdings das Stöbern vor Ort mehr Spaß.

Haarlemmerstraat 25
Prinsengracht 201, 1015 DT Amsterdam
+31 20 3301950
www.ilovevintage.nl

IRENE MERTENS

Im Concept Store der Stylistin **IRENE** herrscht pure Schönheit. Kein Wunder, dass Sukha in vielen bekannten (inter)nationalen Wohnzeitschriften zu finden ist. Entdecken Sie Kleidung, Porzellan und Einrichtungsartikel schöner Marken, die mit Liebe zu Mensch und Tier hergestellt wurden. Auch Taschen niederländischer Designer, häufig handgemacht, warten hier auf neue Besitzerinnen. Das Schaufenster von Sukha – das ist übrigens Sanskrit und heißt »Lebensfreude« – erkennt man an einem schönen handgeschriebenen Spruch, der auch auf den Gratis-Postkarten im Laden steht.

2. SUKHA
Haarlemmerstraat 110, 1013 EW Amsterdam, +31 20 3304001
www.sukha-amsterdam.nl

»In Amsterdam gibt es immer etwas zu tun, man kann sich aber auch entspannen, wenn man will.«

WIE KANN MAN DEN AMSTERDAMER STIL BESCHREIBEN?
Amsterdam ist eine Stadt, in der es immer etwas zu tun gibt. Man kann sich aber auch entspannen, wenn man will. Einen einzigen Amsterdamer Stil gibt es nicht. Wenn ich ihn trotzdem beschreiben müsste, würde ich sagen: angenehm locker.

WAS STEHT IN DEINEM GEHEIMEN ADRESSBUCH?
Der Westerpark für wunderbare Spaziergänge und natürlich die Haarlemmerstraat. Aber auch Amsterdam Noord, das sehr im Kommen ist. Zum Essen und In-der-Sonne-Sitzen gehe ich gerne zu **Pllek** (Seite 80). Und sonntags bummle ich an den vielen Pop-up-Galerien vorbei.

WOHIN GEHST DU, WENN DU INSPIRATION SUCHST?
Inspiration finde ich vor allem beim Spazierengehen durch die Stadt. Die Architektur in Amsterdam ist ein Traum. Alle Viertel haben ihren eigenen Charme. Ich sitze gern auf einer Terrasse und lasse die Menschen an mir vorüberziehen.

WELCHES IST DEIN LIEBLINGSVIERTEL?
Das Westerparkviertel und die Houthavens. Dort sieht man zahlreiche neue Initiativen, es wird viel gebaut und das schafft Neues und Ideen.

WO MÖCHTEST DU UNBEDINGT HIN?
Ich möchte auf jeden Fall in die Hallen gehen und endlich selbst sehen und probieren, worüber alle immer reden. Aber ich möchte auch noch alle Pop-up-Stores besuchen, die in letzter Zeit eröffnet haben.

WAS DARF MAN IN AMSTERDAM AUF KEINEN FALL VERPASSEN?
Man sollte sich ein Fahrrad leihen und damit die Stadt entdecken. Fahren Sie vor allem durch die kleinen Sträßchen oder mit der Fähre nach Noord. Mittags kann man bei Eye einkehren und sich gleich noch einen Film angucken.

Deken
Een deken is een deken
Maar ook een oud verhaal
Fyne handen, Noeste handen

VINNIES
good. home. food.
VINNIES
good. home. food
OPEN 7 days a week
100% PIN

3. VINNIES

Dies war eines der ersten Bio-Lunchcafés der Stadt. Freunden guter Küche geht hier das Herz auf. An einer Ecke der geschäftigen Haarlemmerstraat bereiten Vincent und Jules köstlichen Bio-Kaffee (von Bocca) sowie Brote und Salate zu. Man sitzt zwischen Vintage-Möbeln, Kunst und Schnickschnack, und alles kann gekauft werden. So gemütlich ist es dort, dass der Nachmittag im Handumdrehen vorbei ist. Wenn Sie das wirklich Kleine mögen, besuchen Sie auch das andere Vinnies-Café im alten Stadtzentrum.

Haarlemmerstraat 46, 1013 ES Amsterdam
+31 20 7713086
Nieuwezijds Kolk 33, 1012 PV Amsterdam
+31 20 2332899
www.vinnieshomepage.com

4. ROODE BIOSCOOP

In dem winzigen Art-déco-Theater fühlt man sich um 100 Jahre zurückversetzt. Der Name erinnert daran, dass das Gebäude einst ein Kino war, insbesondere für Propagandafilme, die das sozialistische Gedankengut verbreiten sollten. Jetzt genießt man dort zwischen stimmungsvollen dunkelroten Wänden erlesenes Musiktheater, klassische Musik, Jazz, Weltmusik, Chansons und Poesie – ein Mix, wie man ihn anderswo selten findet. Eine ganz besondere Vorstellung findet immer am letzten Mittwoch des Monats statt. Dann werden traditionelle Lieder und Balladen aus dem Jordaan, dem meistbesungenen Viertel der Stadt, vorgetragen.

Haarlemmerplein 7, 1013 HP Amsterdam
+31 20 6257500
www.roodebioscoop.nl

Ir. Janfrans van der Eerden architect
OODE
BIOSCOO
GESLOTEN
CLOSED
FLINT
'N PIKKE
TANISSIE

FORKS
FOOD STICKS
SPICES
SPICES
KUSMI TEA
LOVE
KUSMI TEA
EUPHORIA
&k
&klevering Centraal

5. & KLEVERING

Am Anfang der Haarlemmerstraat liegt einer der beiden Läden von &klevering. Hier gibt es außergewöhnliches Geschirr und Küchenutensilien. Aber auch die Taschen, Kissen, Lampen und Vasen in Tierform sind ein Blickfang. Ich liebe die hübschen (Koch-)Bücher, die nirgendwo sonst in so großer Zahl präsentiert werden. Neben der eigenen Marke merk &k entdeckt man auch die bekannten Labels Normann Copenhagen und Muuto.

Haarlemmerstraat 8, 1013 ER Amsterdam
+31 20 4222708
Jacob Obrechtstraat 19A, 1071 KD Amsterdam
+31 20 6703623
www.klevering.nl

INFOLK
7
PRESTAGE
A BEAUTIFUL ODYSSEY
GATHER
apartamento
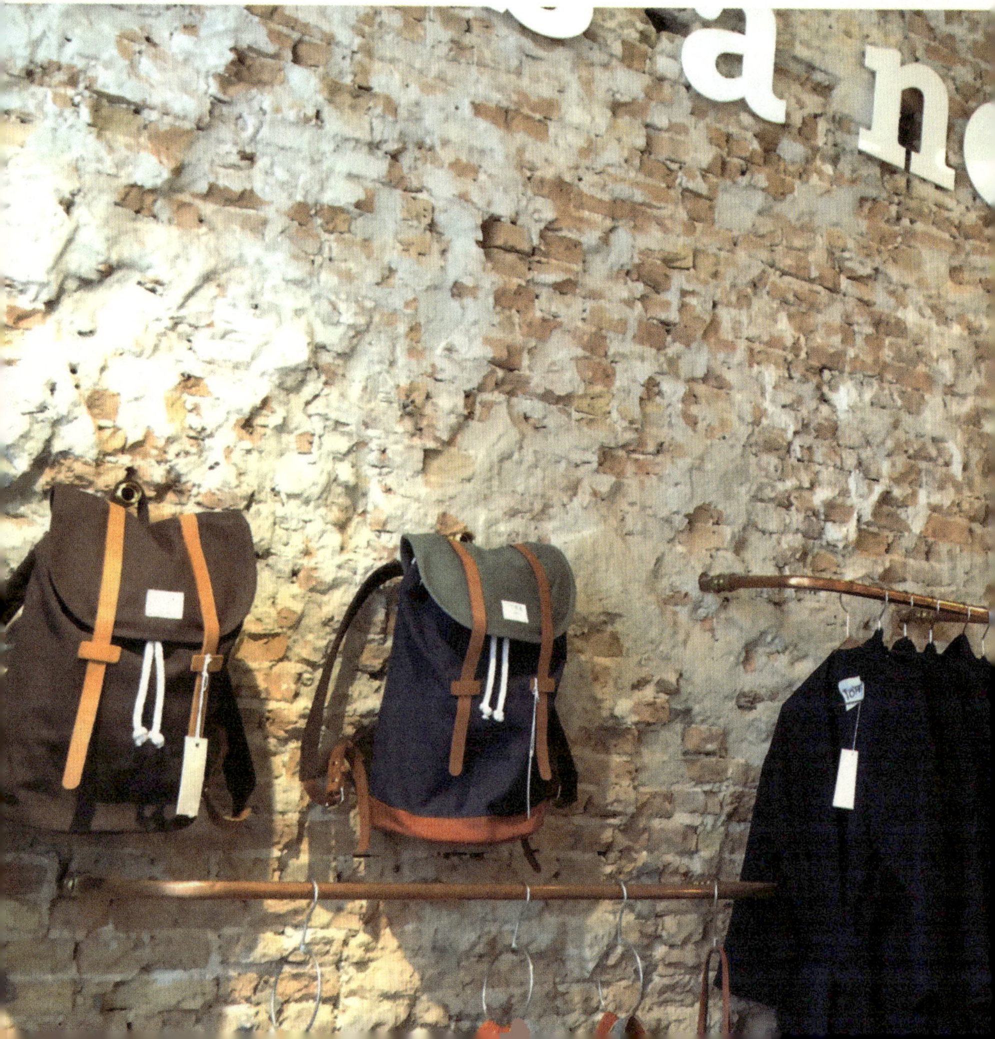

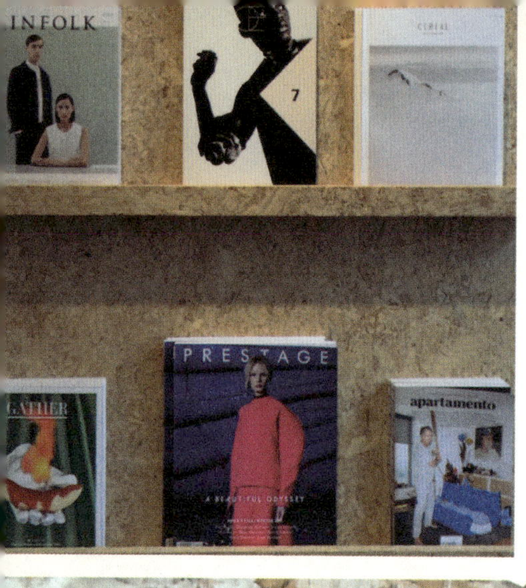

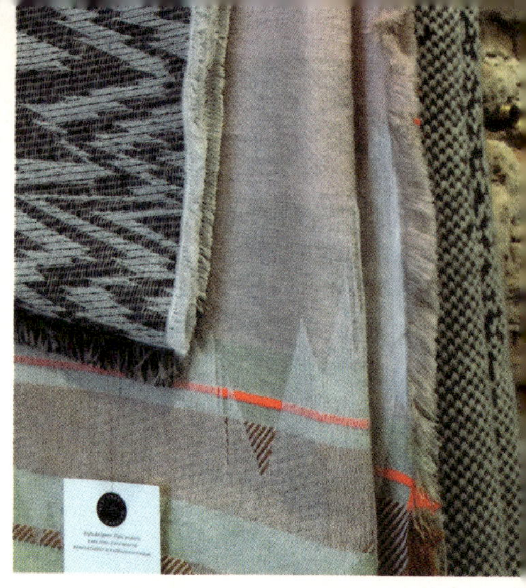

6. RESTORED

In dem kleinen Laden auf dem Haarlemmerdijk werden nur Unikate von jungen Designern und Originale in kleinen Auflagen verkauft. Schwelgen Sie zwischen Kleidung, Schmuck, Keramik und Taschen und blättern Sie durch schön gestaltete Zeitschriften und Bücher. Die meisten Produkte sind handgefertigt und hinter jedem verbirgt sich eine Geschichte. Den Besitzern von Restored geht es um die Schönheit und Liebe, die in den Dingen steckt. Allein die Einrichtung und der Stil des Ladens sind schon einen Besuch wert.

Haarlemmerdijk 39, 1013 KA Amsterdam
+31 20 3376473
www.restored.nl

7. MEDITERRANE

Wenn ich im Haarlemmer Viertel bin, mache ich immer einen Abstecher zu Mohammed. In seiner Bäckerei am Ende des Haarlemmerdijk duftet es herrlich nach selbst gebackenem Brot und anderen Leckereien. Besonders die Croissants, Pain au Chocolats und Mandelkuchen findet man in dieser Qualität wohl nur noch in Paris. Das Mediterrane hätte auch ohne Weiteres als Filmset für *Amélie* herhalten können. Drinnen geht es immer lebhaft zu und es ist voller Einheimischer, die hier einen Cappuccino trinken und ein Croissant essen. Lassen Sie sich samstagmorgens nicht von der Warteschlange abschrecken, die häufig bis zur Türschwelle reicht.

Haarlemmerdijk 184, 1013 JK Amsterdam
+31 20 6203550

8. KOKO COFFEE & DESIGN

Mitten im Rotlichtviertel haben Karlijn und Caroline einen Kaffee- und Design-Store im Erdgeschoss eines alten Grachtenhauses eröffnet. Dabei ließen sie sich von den vielen individuellen Konzepten in London und Kopenhagen inspirieren. Beide lieben Vintage, was man an der Einrichtung des Koko leicht erkennt. Am besten entspannt man sich mit einem Latte Macchiato auf dem Ledersofa oder stöbert in Kleidung, Einrichtungsgegenständen und Kunst attraktiver skandinavischer Marken wie Hope und Libertine Libertine. Beachten Sie auch die Wechselausstellungen mit Werken junger Künstler!

Oudezijds Achterburgwal 145, 1012 DG Amsterdam
+31 20 6264208
www.ilovekoko.com

9. BOERENMARKT

Rund um die historische Stadtwaage (ehemals) ein Stadttor) auf dem Nieuwmarkt findet jeden Samstag ein echter Amsterdamer Bauernmarkt statt. Es macht Spaß, an den Ständen mit ökologisch angebautem Obst und Gemüse, Brot, Wein und Naturkosmetik entlangzuschlendern. Der Markt ist nicht groß, hat aber Atmosphäre. Hier treffen sich die Bewohner der Straßen rund um den Nieuwmarkt und De Wallen.

Nieuwmarkt, 1011 MA Amsterdam

god's gift
grandpa
grandma

10. ANNA + NINA

Bei Anna und Nina fühlt man sich ein bisschen wie Alice im Wunderland. Zahllose schöne und ausgefallene Dinge bringen einen zum Staunen. Die beiden Inhaberinnen reisen um die ganze Welt, um besondere Schmuckstücke, Gemälde, Kissen, Kleidung, botanische Produkte und Vintage-Schränke aufzuspüren. Kein Teil gleicht dem anderen, alles wird in kleiner Stückzahl hergestellt. Die zwei haben noch ein zweites Geschäft in De Pijp, das genauso schön ist.

Kloveniersburgwal 44, 1012 CW Amsterdam
+31 20 2611767
Gerard Doustraat 94, 1072 VX Amsterdam
+31 20 2044532
www.anna-nina.nl

11. HOTEL DROOG

Das Hotel mit einem großen Gastraum unten und einem freundlichen Apartment im Obergeschoss ist in erster Linie ein Ort zum Essen, Trinken, Shoppen und für schöne Ausstellungen. Die Geschäftsführer des renommierten Designlabels Droog Design haben mitten im Stadtzentrum eine ganz besondere Oase mit einem wirklich märchenhaften Garten geschaffen. Eine Zauberwelt mit zahllosen Blumen und (essbaren) Pflanzen. Manchmal weiß man gar nicht, ob sie echt sind.

Staalstraat 7B, 1011 JJ Amsterdam
+31 20 2170100
www.hoteldroog.com

12. BAKHUYS

Mitten im Raum steht ein großer Holzkohleofen, in dem den ganzen Morgen über Brot, Kekse und Kuchen gebacken werden. Während man einen Latte Macchiato trinkt oder ein Croissant isst, knistert das Holzfeuer und der Duft von frischem Brot zieht durch den Raum. Inhaber Henk backt wie sein Vater und Großvater nach uralten Rezepten. Der Einrichtungsstil erinnert an eine Kantine. Dafür ist sie aber sehr hübsch eingerichtet – mit robusten Lampen und langen Holztischen.

Sarphatistraat 61, 1018 EX Amsterdam
+31 20 3704861
www.bakhuys-amsterdam.nl

13. METROPOLITAN

Verrückt auf Schokolade pur? Kees Raat fertigt in seinem Laden auf den belebten Wallen die köstlichsten Pralinen, Schokolade und Eis. Der Chocolatier hat einige Bücher geschrieben und gehört zu den Ersten, die Zutaten wie Pfeffer verwendeten. Alles wird von Hand und ohne Aromastoffe verarbeitet. Regelmäßig veranstaltet Kees in seinem Atelier im Jordaan Workshops, in denen er sogar seine Geheimnisse preisgibt. Die Rezepturen dürfen Sie mitnehmen.

Warmoesstraat 135, 1012 JB Amsterdam
+31 20 3301955
www.metropolitandeli.nl

Merengue
Chocolate
raspberry
€3-

14. CENTRA

Wer Paella liebt, sollte dieses urspanische Restaurant in einer schmalen Gasse auf den Wallen besuchen. Die Einrichtung ist noch dieselbe wie vor 20 Jahren und ständig wird man Zeuge eines temperamentvollen Wiedersehens zwischen Freunden. Die Vitrine vorne ist gefüllt mit frischem Fisch, der eine Viertelstunde später serviert wird. Alles ist superfrisch und es geht extrem schnell. Man kann nicht reservieren, wartet aber nie lange, und langweilig wird es schon gar nicht.

Lange Niezel 29, 1012 GS Amsterdam
+31 20 6223050
www.restaurantcentra.nl

15. 1027

In einer winzigen Gasse hat Taco mit seinen Freunden einen Laden eröffnet, wo man sich treffen und sich die Haare schneiden lassen kann. Der Inhaber ist ein renommierter Friseur, der auf den großen Shows von Gaultier und Kenzo gearbeitet hat. Zwischen den Vintage-Möbeln knistert der Plattenspieler und an den Wänden hängen außergewöhnliche Kunstwerke. Es gibt nur einen einzigen Spiegel und die Stühle stehen sich gegenüber, sodass man einfach ins Gespräch kommen muss. Was den Haarschnitt angeht, vertraut man am besten dem Meister. Gehen Sie am späten Nachmittag hin, wenn Jung und Alt hereinströmen, die Weinflasche entkorkt und die Musik aufgedreht wird. Solche Orte sind Glücksfälle.

Raamsteeg 2, 1012 VZ Amsterdam
+31 20 4226796
www.10-27.com

BLOEMST
CENTR

16. LOCALS

Dieses Lädchen im Herzen von Amsterdam ist vollgestopft mit wunderbaren Schals, Taschen, Schmuck und hübschem Geschirr. Alle Stücke stammen von niederländischen Designern. Die Inhaberin Suzanne ist selbst Schmuckdesignerin und präsentiert ihre Schätze gern. Ihren eigenen Schmuck der Marke Sugarz Jewelry verkauft sie dort auch. Jedes Teil bei Locals hat eine besondere Geschichte oder ist von Hand gemacht; Suzanne erzählt Ihnen alles darüber.

Spuistraat 272, 1012 VW Amsterdam
+31 20 5286500
www.localsamsterdam.com

17. VAN STAPELE

Auf der Suche nach dem weltbesten Schokoladenkeks hat Inhaberin Vera einen Monat lang mit Hunderten von Rezepten experimentiert. Ihren Freunden schmeckte es so gut, dass sie beschloss, ihr Produkt zu verkaufen. In einem winzigen, windschiefen Laden wie aus Omas Zeiten (mit massiver Holztheke und großen Kronleuchtern) backt Vera nun ihre knusprigen Schokokekse mit einer Füllung aus geschmolzener weißer Schokolade. Einheimische und Touristen stehen hier an wie für ein Eis. Niemand braucht lange zu warten, denn alle zehn Minuten kommt ein neues Blech mit frischen, warmen Keksen aus dem Ofen.

Heisteeg 4, 1012 WC Amsterdam
+31 6 54241497
www.vanstapele.com

STORE
AMS
LIKESTATIONERY
MON/TUE/THU/FRI
FROM 10:00TILL15:00
SATURDAY
FROM 11:00TILL18:00
24/7 online shop
ENDLESS
NOTES
BOOKMARKS - PENCILS
NOTEBOOKS - ERASERS - PENS
LETTERSETS - FINELINERS - RIBENS
FILE FOLDERS - PAPERCLIPS
PRINTED MATTER
Words on paper
WHOLESALE
COLLECTION
BY

18. LIKE STATIONERY

Grafikerin Sanne verkauft handgemachte Notizbücher, Ansichtskarten mit Pflanzendrucken, Hefte, die fast zu schön sind, um sie voll zu schreiben, und jede Menge Zeichenzubehör. Das Geschäft ist gleichzeitig ihr Designstudio, wo sie zwischen den Kunden an Entwürfen für Zeitschriften, Bücher und Stoffe arbeitet. Sanne liebt Papier. Das merkt man, sobald man einen Fuß in den Laden setzt. Sie erzählt Ihnen gern alles über Papier und Schreibwaren.

Prinsenstraat 24, 1015 DD Amsterdam
+31 6 14359266
www.likestationery.com

19. LAURA DOLS

Sie lieben die Fünfziger? Dann müssen Sie bei Laura Dols hereinschauen! Der Vintage-Laden ist eine Institution in Amsterdam. Er befindet sich schon seit 30 Jahren in den bekannten Negen Straatjes, den Neun Straßen. Die tollsten Abendkleider, Taschen, Schuhe, Hüte und Schmuckstücke gehen dort über den Ladentisch. Die Inhaberin bereist die ganze Welt, um neue Stücke zu finden, und so füllt sich der Laden stets neu mit extravaganten Dingen. Kein Wunder, dass er in den bekannten Modezeitschriften wie *Vogue* und *Elle* immer wieder auftaucht. Verpassen Sie nicht das Souterrain voller Secondhand-Abendkleider, die aussehen wie nie getragen.

Wolvenstraat 7, 1016 EM Amsterdam
+31 20 6249066
www.lauradols.nl

20. DR. BLEND

Viele Einheimische trinken hier morgens auf dem Weg zur Arbeit einen Smoothie. Der Inhaber Jamahl ist nicht nur ein Gesundheitsfreak, sondern auch ein richtiger Morgenmensch. Meistens steht er darum auch selbst in seiner Saftbar. Hier gibt es herrliche Smoothies, Salate und Wraps, und alles bio. Ein heißer Tipp ist der Mango Django mit Ananas, Mango und Kurkuma. Im hinteren Teil befindet sich eine Regalwand mit Superfoods und Vitaminen, die man kaufen kann.

Herenstraat 23, 1015 BZ Amsterdam
+31 6 47964686
www.drblend.nl

21. J.C. HERMAN

Handgemachte Vasen, Teller, Schalen und viel tolles Geschirr. In seinem kleinen Laden stellt Künstler Herman eine Menge Keramik aus. Alle Produkte dreht er mit Hand auf der Töpferscheibe an seinem winzigen Arbeitsplatz hinten in der Ecke. Auf den Regalen rundherum trocknen überall seine Werke und warten auf ihre Fertigstellung. Viele Einheimische bestellen hier Stücke für Hochzeiten oder einen Geburtstag.

Herenstraat 10, 1015 CA Amsterdam
+31 6 57945494
www.jcherman.org

22. THE OTHERIST

In dem kleinen Grachtenladen voller Kuriositäten und Vintage-Fundstücke gehen Besuchern die Augen über. Die Eigentümer Joshua und Steven stehen meistens selbst im Laden und erzählen auf Wunsch alles über die präparierten Schmetterlinge und Insekten oder die originellen Tierköpfe aus Porzellan. Daneben gibt es hier noch hübsch bemaltes Geschirr, handgemachte Taschen und einzigartigen Schmuck. Joshua und Steven bereisen die ganze Welt, um ihr Raritätenkabinett zu bestücken. Eine gute Adresse für ein nicht alltägliches Geschenk.

Leliegracht 6, 1015 DE Amsterdam
+31 20 3200420
www.otherist.com

23. MARIE STELLA MARIS

Der Concept Store von Marie Stella Maris ist mit seiner schwerelosen, weißen Einrichtung ein Fest fürs Auge. Selbstverständlich gibt es hier das bekannte natürliche Mineralwasser, das Projekte für sauberes Trinkwasser weltweit unterstützt, aber auch ein großes Sortiment biologischer Hautpflege- und Kosmetikprodukte wie Kokosöl und Zitronengras. Im Souterrain versteckt sich ein gemütliches Pariser Café, perfekt für ein Frühstück mit Croissant, einen Latte Macchiato oder ein Mineralwasser.

Keizersgracht 357, 1016 EJ Amsterdam
+31 85 2732845
www.marie-stella-maris.com

24. VEGABOND

Dieses Lunchcafé mit angeschlossenem Lädchen ist ein Eldorado für Veggies. Eigentümerin Babet und ihre Schwester machen superleckere Wraps mit Tempeh, grüne Smoothies und Bio-Säfte. Vieles ist auch noch vegan und glutenfrei. Man sitzt vor dem großen Fenster angenehm ruhig, während draußen das Amsterdamer Leben an der Gracht vorbeizieht. Vergessen Sie nicht, ein paar Goodies mitzunehmen, bevor Sie gehen. Sehr zu empfehlen sind die handgemachten Pralinen und Energiekugeln!

Leliegracht 16, 1015 DE Amsterdam
+31 20 8468927
www.vegabond.nl

25. DE UITKIJK

Das winzige Kino mit nur 80 Stühlen (und einem Balkon!) war früher nur für die Elite. Es ist das älteste Filmtheater der Niederlande und allein schon wegen des stilvollen Foyers aus den 1920er Jahren einen Besuch wert. Das Kino wird zurzeit von studentischen Cineasten geleitet, die vor allem Filme mit Niveau auf das Programm setzen. Für Blockbuster sind Sie hier an der falschen Adresse.

Prinsengracht 452, 1017 KE Amsterdam
+31 20 2232416
www.uitkijk.nl

26. HAARBARBAAR

»Only men« steht in großen Buchstaben auf dem Schaufenster des Barbershops, der komplett im Rockabilly-Stil eingerichtet ist. Zwischen den massiven dunkelroten Vintage-Stühlen und den ausgestopften Tieren kommt man sich vor wie im Amerika der 1950er Jahre. Männer mit auffälligen Tattoos, die Donny, Koey und Nick heißen, trimmen und schneiden mit offenem Messer und zugehörigen Crèmes die Bärte aller Kreativen Amsterdams. Termine gibt es nicht, allein die Leute hier sind das Warten aber schon mehr als wert.

Rosmarijnsteeg 4, 1012 RP Amsterdam
+31 20 4317683
Wolvenstraat 35, 1016 EN Amsterdam
+31 20 7737175
www.haarbarbaar.nl

27. AMSTERDAM ROEST

Auf dem rauen Oostenburgereiland in einer ehemaligen Gasfabrik befindet sich die kreative Stadtoase Roest. Nur das Allernötigste wurde gemacht, um das Industriegebäude in einen Kultur-Treffpunkt zu verwandeln. So lässt sich das alte Undergroundgefühl noch erahnen. Nehmen Sie sich ein Getränk aus dem Kühlschrank und lassen Sie sich in einen der Chesterfields fallen. An warmen Tagen strömen Menschen aus der ganzen Stadt zum nahe gelegenen Stadtstrand, wo es sich in bequemen Sesseln bis zum Sonnenuntergang aushalten lässt. Am Wochenende gibt es oft Ausstellungen oder Theatervorstellungen. Manchmal legt ein DJ auf oder einer der Schuppen nebenan hat seine Pforten für einen Vintage-Markt geöffnet.

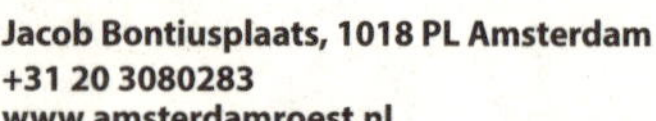

Jacob Bontiusplaats, 1018 PL Amsterdam
+31 20 3080283
www.amsterdamroest.nl

28. VLINDER & VOGEL

Innenarchitektin Saskia hat ihr eigenes Atelier und arbeitet viel mit Blumen. In kleiner Auflage fertigt sie wunderschöne Miniaturen aus getrockneten und gepressten Blumen und Zweigen, die sie in der Natur findet und mit Nadel und Faden bearbeitet. Außerdem gibt es hier tolle Ansichtskarten oder Samen als Gruß zum Verschicken. Kein Wunder, dass man von Saskias Produkten regelmäßig in bekannten Zeitschriften liest. Ein Tipp sind auch ihre Workshops für eigene Kreationen aus Blumen.

Nieuwevaart 3, 1018 AA Amsterdam
+31 6 18229112
www.vlinderenvogel.com

29. INSTOCK

Merel, Selma, Freke und Bart störte es, dass jeden Tag so viele Lebensmittel weggeworfen werden, nur weil sie das Mindesthaltbarkeitsdatum überschritten haben oder zu reif sind. Darum eröffneten sie ein Restaurant, in dem kreative Köche jeden Tag Frühstück, Mittagessen und ein Drei-Gänge-Menü aus abgelaufenen Produkten aus Albert-Heijn-Filialen zubereiten. Die Freunde möchten so auf die Lebensmittelverschwendung aufmerksam machen. In der Ferdinand Bolstraat 88 gibt es auch einen kleinen Abholimbiss.

Czaar Peterstraat 21, 1018 NW Amsterdam
+31 6 49712261
www.instock.nl

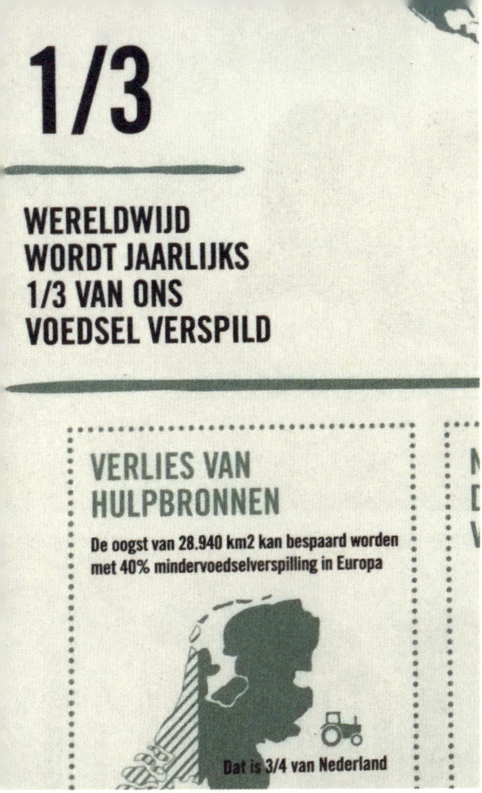
1/3
WERELDWIJD WORDT JAARLIJKS 1/3 VAN ONS VOEDSEL VERSPILD
VERLIES VAN HULPBRONNEN
De oogst van 28.940 km2 kan bespaard worden met 40% mindervoedselverspilling in Europa
Dat is 3/4 van Nederland

KROM KOMMER
KROM KOMMER
KROM KOMMER

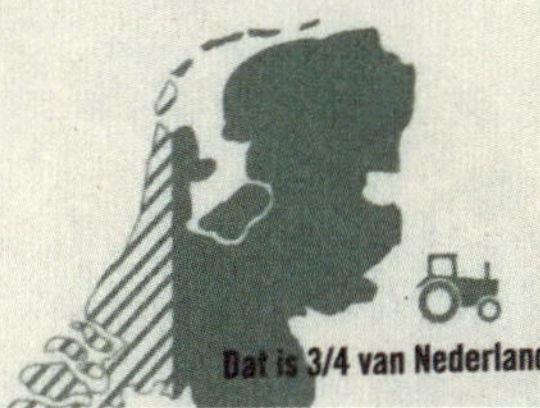

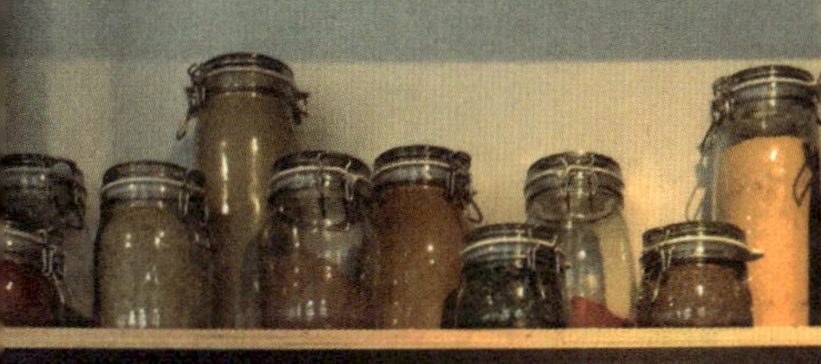

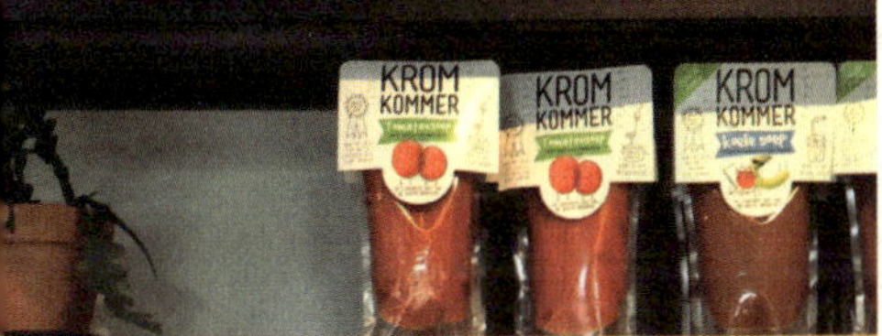

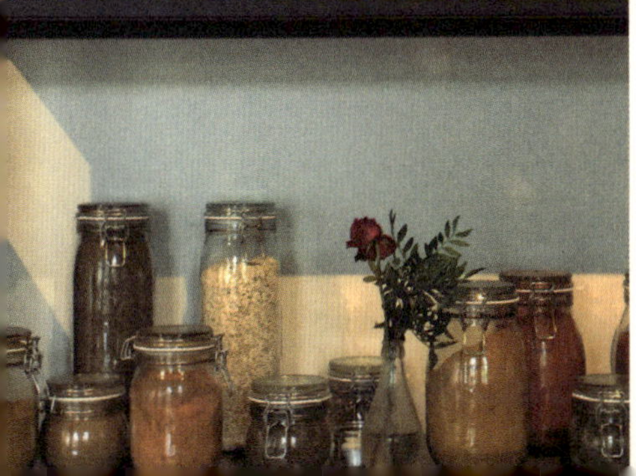

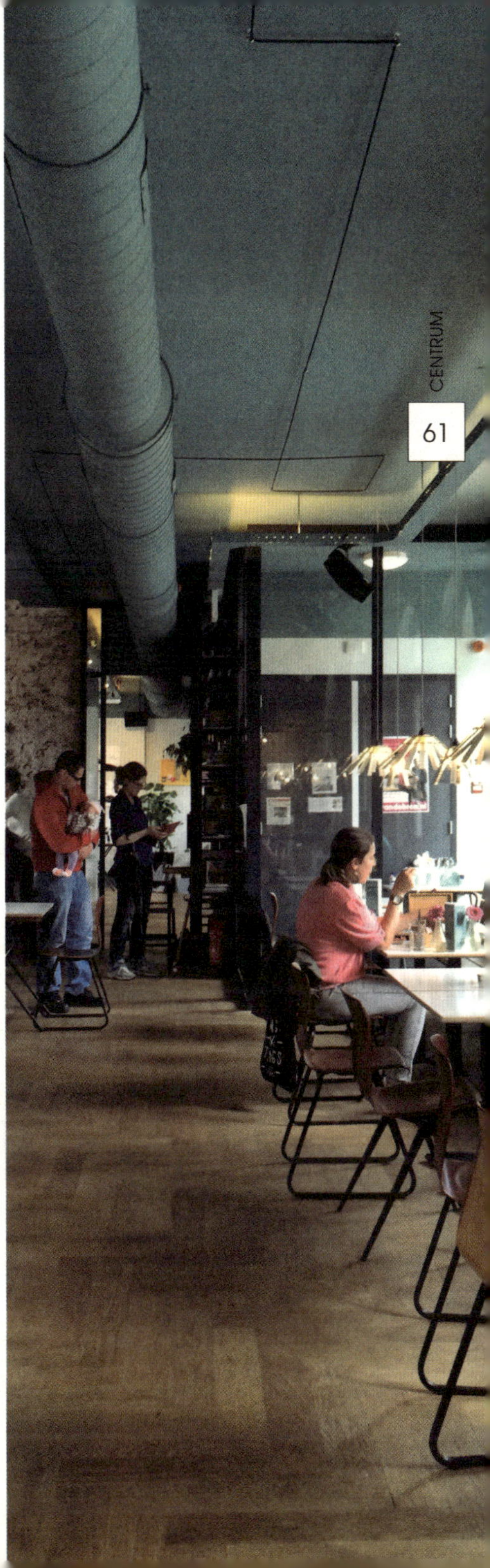

Back to Black

30. BACK TO BLACK

In diesem bezaubernden Zimmer mit winziger Terrasse und türkisfarbenem Zaun fühlt man sich gleich zu Hause. Zum hervorragenden Kaffee gibt es Bio-Gebäck, das Noortje und Inge selbst machen. Das gemütliche Café hängt voller Pflanzen, Kunst und Krimskrams. Alles kann gekauft werden, sogar die Tische und Stühle. Mich macht so ein ungezwungener und persönlicher Ort immer ganz fröhlich. Toll, dass alles auch noch von niederländischen Designern entworfen wurde!

Weteringstraat 48, 1017 SP Amsterdam
+31 6 11194870
www.backtoblackcoffee.nl

SHOPPEN

3 OVER HET WATER
4 NEEF LOUIS
6 VAN DIJK & KO
8 BLOM & BLOM

ESSEN & TRINKEN

2 CAFÉ MODERN
5 WAARGENOEGEN
7 PLLEK
9 HOTEL DE GOUDFAZANT
11 CAFÉ DE CEUVEL

MÄRKTE

1 PEKMARKT
10 LANDMARKT

NOORD

Dies ist zweifellos eines der lebendigsten und vielfältigsten Viertel der Stadt. Vor noch gar nicht allzu langer Zeit haben Amsterdamer die andere Seite des IJ (gesprochen »äi«), des Wasserarms, der sich durch die Innenstadt zieht, gar nicht betreten. Aber das hat sich inzwischen geändert. Mit der NDSM-Werft als neuem Zentrum für junge Kulturbetriebe und Kreative, den vielen Event-Locations in alten Fabrikgebäuden und der Verwandlung des Van-der-Pek-Viertels ist dieser Stadtteil sehr beliebt geworden. Am Wochenende und an sonnigen Tagen herrscht meist viel Gedränge auf den viel zu kleinen Fähren. Menschen (und Fahrräder!) aus der ganzen Stadt tummeln sich in dem ehemaligen Arbeiter- und Migrantenviertel, um ins Kino zu gehen oder an einem der versteckten hübschen Plätzchen am Wasser Zeit zu verbringen.

Haute-Savoie
Saucisson aux Herbes
FR 74.043.001 CE
Saucisson au Sanglier
FR 74.043.001 CE
0.210
kg
€/kg
A consommer jusqu'au
Conditionné le
24.04.15
Numéro de lot:
1415

1. PEKMARKT

In der Van der Pekstraat ist jeden Mittwoch, Freitag und Samstag Markt – einer meiner Lieblingsmärkte. Freitags kommen die Bauern aus der Umgebung und verkaufen ihr Gemüse und Obst aus biologischem Anbau, Brot und Wurst aus eigener Herstellung, Imkerhonig und hausgemachte Marmelade. Samstags lohnt es sich, Ausschau nach Antikem, handgefertigtem Krimskrams und anderen Kuriositäten zu halten. Daneben ist dies ein normaler Wochenmarkt für die täglichen Einkäufe. Anwohner, Vintage-Liebhaber und Kreative begegnen sich hier im bunten Treiben.

Van der Pekstraat, 1031 Amsterdam
www.pekmarkt.nl

2. CAFÉ MODERN

In einem sehr extravaganten Gebäude, der früheren Twentsche Bank, hat sich das Café Modern etabliert. Man meint, in das Berlin des beginnenden 20. Jahrhunderts einzutreten. Die Einrichtung mit viel Weiß und Vintage strahlt Klarheit und Ruhe aus. Genießen Sie ein leckeres Vier-Gänge-Menü aus saisonalen Produkten. Und schauen Sie sich auch die beeindruckenden Tresorräume im Keller an, wo wechselnde Ausstellungen gezeigt werden. Der Eigentümer hat mir versichert, dass die dicken Gittertüren nicht zufallen können.

Meidoornweg 2, 1031 GG Amsterdam
+31 20 4940684
www.modernamsterdam.nl

LOT DOUZE

LOT konnte ihr Geschäft in der aufstrebenden Van der Pekstraat eröffnen, nachdem bei einem Crowdfunding gut 26 000 Euro zusammengekommen waren. Der Laden ist keine normale Buchhandlung. Lot hat neben Bestsellern und Klassikern viele überraschende Bücher neuer Autorinnen und Autoren. Aus der ganzen Stadt kommen Lesebegeisterte hierher und diskutieren über die Neuerwerbungen. Lot ist mit großem Engagement dabei und scheint jedes Buch gelesen zu haben. Manche Titel sind mit Banderolen versehen, auf denen mit Hand notiert ist, wie den Mitgliedern des von Lot organisierten Leseclubs das Buch gefallen hat.

3. OVER HET WATER
Van der Pekstraat 59, 1031 CS Amsterdam
+31 20 7370533
www.boekhandeloverhetwater.nl

»Ich liebe das Wasser und die Vielfalt der Gebäude: modernes Design neben einem alten Stapelhaus.«

WIE WÜRDEST DU AMSTERDAM BESCHREIBEN?
Ich fühle mich von Amsterdam umarmt. Die Menschen gehen hier so vertraut miteinander um wie in einer Familie. Man macht sich nichts vor. Es ist eine Stadt mit Charme. Sogar an den unwirtlichsten Ecken kann man plötzlich etwas Besonderes entdecken: eine hübsche Fassade, einen kleinen Park, einen Blumenkübel am Balkon.

WAS STEHT IN DEINEM GEHEIMEN ADRESSBUCH?
Vlieger aan de Amstel, wo die Regale bis unter die Decke mit den unterschiedlichsten Papiersorten gefüllt sind. Das riecht man auch. Alle Muster und Farben sind wunderschön. Dorthin gehe ich auch, wenn ich mir selbst etwas gönnen möchte. Und: **Jan de Grote** in der Albert Cuypstraat. Ein ganz schmaler, langer Laden voller Werkzeuge. Auch wenn man handwerklich so unbegabt ist wie ich, ist dies ein wunderbarer Ort.

WOHIN GEHST DU, WENN DU INSPIRATION SUCHST?
Ans IJ. Schon die Überfahrt pustet mir den Kopf frei. Die Weite des Wassers und die Vielfalt der Gebäude: modernes Design neben einem ehemaligen Stapelhaus und einem alten Industrieschuppen. Aber auch die historische Fähre (*buurtveer*) und ein Spaziergang über den IJ-Boulevard geben mir neue Energie.

WELCHES IST DEIN LIEBLINGSVIERTEL?
Oh, das ist schwierig. Ich radle gerne durch ganz Amsterdam, weil ich jedes Mal Neues entdecke und durch Straßen komme, die ich noch nicht kenne. Amsterdam überrascht mich immer wieder, gerade auch die Wohnviertel ohne touristische Attraktionen haben viel Charme.

WO MÖCHTEST DU UNBEDINGT HIN?
Ich würde sehr gern einmal mit meinem Schatz im **Amrathhotel** im Scheepvaarthuis übernachten. Das Gebäude im Stil der Amsterdamer Schule ist unvergleichlich. Jedes Mal, wenn ich dort vorbeikomme, werfe ich einen sehnsüchtigen Blick hinein. Dort fühlt man noch das Herz des historischen Amsterdam: die Schifffahrt.

WAS DARF MAN IN AMSTERDAM AUF KEINEN FALL VERPASSEN?
Den Garten des Rijksmuseums. Wenn man eintritt – gratis –, ist der Lärm der Stadt vergessen und man steht inmitten einer sorgsam gepflegten Anlage mit Brunnen, Skulpturen und alten Bäumen. Eine Oase. Hier erinnert Amsterdam an Paris.

4. NEEF LOUIS

Alte Fabriklampen, industrielle Schreibtische von Gispen, Vintage-Geschirr: Neef Louis ist ein Paradies für Liebhaber von Vintage-Design. In den zwei alten Schuppen kann man stundenlang stöbern, ohne gestört zu werden. Viele Stylisten leihen sich hier Requisiten für Fotoshootings. Und wer will, findet nebenan bei Van Dijk & Ko noch mehr Vintage. Nach dem Retro-Shopping schmeckt ein fair gehandelter Kaffee oder frischer Rote-Bete-Saft im Waargenoegen. Von der Centraal Station aus nehmen Sie die Fähre zur NDSM-Werft und sind in 15 Minuten bei Neef Louis.

Papaverweg 46–48, 1032 KJ Amsterdam
+31 20 4869354
www.neeflouis.nl

5. WAARGENOEGEN

Nach dem Vintage-Shopping bei Van Dijk & Ko und Neef Louis schmeckt ein Fairtrade-Kaffee oder Rhabarbersaft im Waargenoegen nebenan. Die Inhaberin Thaïs kocht und backt fast alles aus Bio-Zutaten selbst. Ihre Kokossuppe ist göttlich, ebenso die Toasties und ihr berühmt-berüchtigter Apfelkuchen. Die Einrichtung im Gypsy-Stil mit antiken Möbeln passt gut zum rauen Charakter der Gegend. Im Sommer lässt sich das bunte Treiben der NDSM-Werft von der Sonnenterrasse aus beobachten.

Papaverweg 46, 1032 KJ Amsterdam
www.waargenoegen.nl

6. VAN DIJK & KO

Stylisten und Design-Liebhaber kommen zu Van Dijk & Ko, um nach Secondhand-Möbeln, Trödel und recycelten Glaswaren zu schauen. Der riesige Schuppen auf dem alten NDSM-Gelände ist bis in den letzten Winkel mit Klappbänken, Emaille-Töpfen, Textilien und alten Kunst- und anderen Sachbüchern gefüllt. Hier ist für jeden mindestens ein Lieblingsstück dabei. Auf 2500 Quadratmetern lässt es sich nach Herzenslust stöbern. Ehe man es sich versieht, hat man hier Stunden zugebracht.

Papaverweg 46, 1032 KJ Amsterdam
+31 20 6841524
www.vandijkenko.nl

MANDEN

ASHUNG
PHILIPS
RNIERE CHANSON
OMME LA PREMIERE
EMI
Columbia
GRAVE ET PRESSE EN FRANCE
Bandoler
Paris Latino • El Bandid

7. PLLEK

Viele Kreative der Stadt mögen dieses Fleckchen am IJ. Aus alten Schiffscontainern, die man aufeinandergestapelt hat, ist eine authentische Industriekulisse entstanden. Im Sommer sitzt und isst man an langen Picknicktischen am urbanen Strand (fast alles ist bio und regional) bei perfekter Aussicht auf die Stadt. Hier finden auch viele Veranstaltungen und Yogakurse statt, und an warmen Tagen ist die Massage am Strand sehr zu empfehlen! Von der Centraal Station aus nehmen Sie die Fähre zur NDSM-Werft und sind in 15 Minuten bei Pllek.

TT Neveritaweg 59, 1033 WB Amsterdam
+31 20 2900020
www.pllek.nl

8. BLOM & BLOM

Die Brüder Martijn und Kamiel – Letzterer hat jahrelang in Berlin gewohnt – teilen die Leidenschaft für Gegenstände aus der ehemaligen DDR. Gemeinsam streifen sie durch verlassene Fabrikhallen, um ausgefallene Industrielampen, Schreibtische, Glaswaren und Laborinstrumente aufzutreiben. Mit viel Leidenschaft suchen und fotografieren sie die Geschichte hinter den Orten und den Dingen, damit sie nicht verloren geht. In ihrem Laden in Amsterdam hängen die Fotos neben den restaurierten Objekten. Und wenn Sie etwas kaufen, bekommen Sie die Bilder und einen historischen Pass dazu.

Chrysantenstraat 20 A, 1031 HT Amsterdam
+31 20 7372691
www.blomandblom.com

9. HOTEL DE GOUDFAZANT

In einem alten Schuppen am Ufer des IJ liegt das Hotel de Goudfazant. Trotz des Namens ist es kein Hotel, sondern ein Restaurant, in dem man schon seit Langem gut und bodenständig essen kann. Die Räume mit den gigantisch hohen Decken sind mit Möbeln im Industriedesign eingerichtet. Ein Oldtimer auf der Brücke am Eingang erinnert an die frühere Funktion des Gebäudes als Werkstatt. Aus der ganzen Stadt kommen die Menschen hierhin – nicht nur zum Essen, sondern gerade im Sommer auch wegen der Terrasse. Von dort aus hat man einen wunderbaren Blick übers Wasser, auf die Stadt und den Sonnenuntergang.

Aambeeldstraat 10 H, 1021 KB Amsterdam
+31 20 6365170
www.hoteldegoudfazant.nl

10. LANDMARKT

Der überdachte traditionelle Markt ist ein Paradies für Genießer. Alle Produkte stammen direkt vom Bauern, Gärtner, Metzger, Fischhändler und Bäcker, sind also superfrisch. Man kann herrlich umherschlendern und sich zwischendurch in einem kleinen Restaurant mit Salat oder einem Brot stärken. Im Sommer ist die Terrasse am Wasser geöffnet, eine Oase der Ruhe. Genauso entspannend ist der Rückweg per Fahrrad über den Schellingwouderdijk. Er führt vorbei an den idyllischen Deichhäusern und bietet eine atemberaubende Aussicht über das IJ. Eine kleinere Version des Landmarkts gibt es in De Pijp (Van Woustraat 103).

Schellingwouderdijk 339, 1023 NK Amsterdam
+31 20 4904333 (Markt)
www.landmarkt.nl

OMS WAT
KLEINER
ALTIJD VOL VAN
SMAAK

11. CAFÉ DE CEUVEL

In einer ehemaligen Schiffswerft haben ein paar junge Leute ein Café am Wasser eingerichtet, das fast vollständig durch Selbstversorgung betrieben wird. Aus Küchenabfall wird Biogas hergestellt, überall wachsen Pflanzen, die die Erde reinigen, und auf dem Dach steht ein Gewächshaus. Das Café selbst ist aus recycelten Materialien gebaut, unter anderem aus 80 Jahre alten Ankerpfählen aus dem Amsterdamer Hafen. Serviert werden eine köstliche selbst gemachte Limonade und Brote. Alles dreht sich um die Lust am Essen. Im Sommer liegt man draußen in Hängematten oder sitzt am Wasser auf alten Bootsbänken, die ein Künstler in der Werkstatt gegenüber anfertigt. Sehr lohnend ist auch ein kleiner Spaziergang entlang der alten Hausboote.

Korte Papaverweg 4, 1032 KB Amsterdam
+31 20 2296210
www.cafedeceuvel.nl

SHOPPEN

2 CHARLIE + MARY
3 ALL THE LUCK IN THE WORLD
8 COTTONCAKE
9 KAUFHAUS
11 GATHERSHOP
12 HUTSPOT

ESSEN & TRINKEN

1 VENKEL
5 COFFEE & COCONUTS
6 SIR HUMMUS
7 MANA MANA
10 TRUST

ENTSPANNUNG

4 BART OLIE

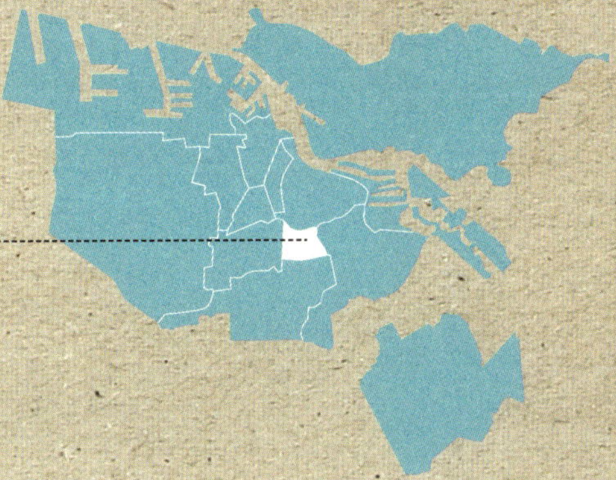

DE PIJP

De Pijp war ursprünglich ein eng bebautes Arbeiterwohngebiet. Seit einigen Jahrzehnten aber ist das Viertel bei Künstlern und Zugezogenen unglaublich beliebt, vor allem wegen seiner zahllosen kleinen Läden und Restaurants. Sehr bekannt ist der Albert Cuypmarkt, den es dort schon seit über 100 Jahren gibt. Hier preisen die Marktleute ihre Ware in Amsterdamer Platt an und man kann noch das ursprüngliche Amsterdamer Flair erleben. Nirgends findet man so viele inspirierende Orte auf einem Fleck. De Pijp lässt sich bequem zu Fuß entdecken. Gehen Sie vor allem in die Seitenstraßen der Ceintuurbaan, wo sich die hübschen kleinen Läden verstecken.

8.5
LINZENLIEFDE
WILDE SPINAZIE, LE PUY LINZEN, HOLLANDSE GEITENKAAS,
DADELS & AMANDEL. MET EEN BALSAMICO VINAIGRETTE
APPELHOENTJE 10.5
VERS GEGRILDE KIPFILET, LE PUY LINZEN, BOERENKOOL, GEROOSTERDE
PASTINAAK, RAMMENAS & CASHEWNOTEN. MET EEN PITTIGE DRESSING
BOER ZOEKT WORST 9
ROOKWORST, BOERENKOOL, ZUURKOOL EN APPEL, GEMENGDE BONEN,
GEBAKKEN UITJES. MET HUISGEMAAKTE KETCHUP MOSTERDDRESSING
SJAKIE EN DE BONEN 9.5
GEMENGDE BONEN, PADDENSTOELENMIX, POMPOENPITTEN, BASILICUM &
GEBAKKEN SPEKBLOKJES. MET YOGHURT KRUIDENDRESSING
NEUSJE VAN DE MAKREEL 10.
GEGRILDE VENKEL, GEMENGDE BONEN, KNOLSELDERIJ, WITLOF,
KRUIDNAGELKAAS & WALNOOT. MET GEROOKTE MAKREELFILET EN
HONING & ZAASE MOSTERDRESSING
SOEP -KNOLSELDERIJ, PEER & NOOTMUSKAAT 5.
-PITTIGE RODE LINZEN, WORTEL, TOMAAT &
VENKEL

1. VENKEL

Lust auf einen supergesunden Salat? Dann gehen Sie vom Albert Cuypmarkt, der immer einen Besuch wert ist, ein kleines Stückchen weiter bis zu Venkel. Dort gibt es leckere Salate mit Gemüse und Obst aus der Region, das morgens vor dem kleinen Bistro angeliefert wird. Ein Bauernhof am Stadtrand baut auf Wunsch von Venkel biologische Saisonware an. Inhaberin Elnaz erzählt gern über ihre Leidenschaft für gesundes Essen. Vergessen Sie nicht, den hausgemachten Rhabarber- oder Minzsirup zu probieren, den Sie im Laden auch kaufen können.

Albert Cuypstraat 22, 1072 CT Amsterdam
+31 20 7723198
www.venkelsalades.nl

CHARLOTTE VAN WAES UND MARIEKE VINCK

Die Inhaberinnen **CHARLOTTE** und **MARIEKE** sind wahre Mode-Enthusiastinnen. In ihrem Laden auf der quirligen Gerard Doustraat verkaufen sie nur fair produzierte Marken wie STUDIO JUX, VEJA und PEOPLE TREE. Gerne erzählen sie ihren Kunden die Geschichte hinter den Marken. Charlotte und Marieke interessieren sich auch für den kreativen Prozess, die Philosophie der Marke, die Menschen, die dahinterstehen, und die verwendeten Materialien. Kein Wunder, dass Stylisten von Modezeitschriften regelmäßig Kleidung aus der Kollektion von Charlie + Mary ausleihen.

2. CHARLIE + MARY
Gerard Doustraat 84, 1072 VW Amsterdam
+31 20 6628281
www.charliemary.com

»Wir lieben die Parks in der Stadt, wo sich die Menschen bei schönem Wetter treffen.«

WIE WÜRDET IHR DEN AMSTERDAMER STIL BESCHREIBEN?
Amsterdam hat alles, was eine Weltstadt braucht: Museen, Cafés, Cocktailbars, gute Restaurants, Märkte. Aber Amsterdam ist auch überschaubar und beinahe dörflich. In einer halben Stunde ist man am anderen Ende der Stadt. Wir lieben die Amsterdamer Parkkultur, die öffentlichen Gärten, in denen wir uns bei schönem Wetter treffen. Und die kleinen unabhängigen Kaffeebars sind unser Wohnzimmer.

WAS STEHT IN EUREM GEHEIMEN ADRESSBUCH?
Wenn wir dem Getümmel in der Stadt entfliehen wollen, gehen wir gern zu **Thuis aan de Amstel** (Seite 182). Ein altes Herrenhaus am Stadtrand, wo man sich ganz weit weg von allem fühlt und eine fantastische Aussicht über die Amstel hat. Wenn wir kosmopolitisch sein wollen, gehen wir zu **Panache**, wo Fisch aus nachhaltiger Zucht und Zutaten vom Ten Katemarkt auf der Karte stehen.

WOHIN GEHT IHR, WENN IHR INSPIRATION SUCHT?
Ins Foam Fotografiemuseum und ins Stedelijk Museum. So wie Fotografie und Kunst eine Botschaft haben oder eine Geschichte erzählen, wollen wir die Geschichte hinter der Mode ins Rampenlicht setzen.

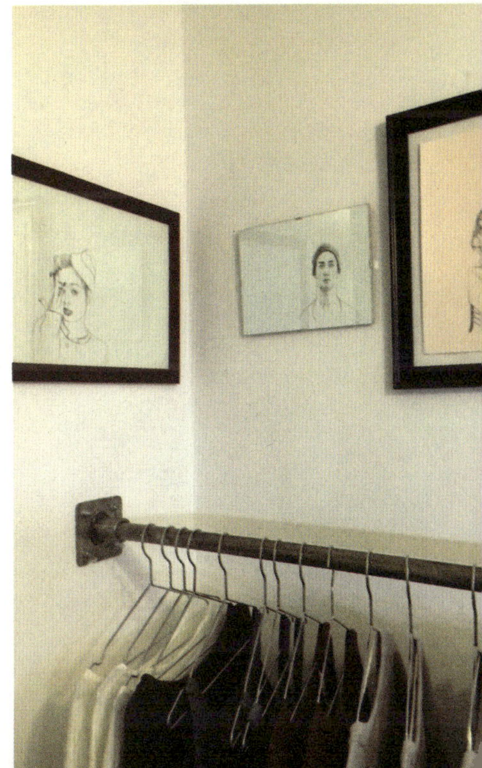

WELCHES IST EUER LIEBLINGSVIERTEL?

De Pijp. Hier ist so viel los. Neben dem authentischen **Albert Cuypmarkt** und den türkischen und surinamischen Delikatessgeschäften lassen sich viele Start-ups in der Gegend nieder. So entsteht eine lebendige Umgebung mit unabhängigen Stores, Cafés, Galerien und Bistros.

WO MÖCHTET IHR UNBEDINGT HIN?

Ins Künstlerdorf Ruigoord am Rand von Amsterdam. Hier finden im Sommer die verrücktesten Festivals statt. Es steht eindeutig auf der Liste von Orten, die man als Amsterdamer gesehen haben muss.

WAS DARF MAN IN AMSTERDAM AUF KEINEN FALL VERPASSEN?

Eine Fährfahrt nach Amsterdam-Noord und dann in einem der Hotspots am IJ etwas essen oder trinken: Eye, **Pllek** (Seite 80), Tolhuistuin oder **De Ceuvel** (Seite 86). Auf der Fähre und auf der anderen Seite des IJ mit Aussicht auf die Stadt ist es sehr romantisch und beeindruckend.

3. ALL THE LUCK IN THE WORLD

Schon allein wegen des Stylings ist dieses Geschäft einen Besuch wert. Mutter Jane (Grafikdesignerin) und Tochter Nina (Goldschmiedin) haben ein Auge für Einrichtung und schöne Dinge. Sie verkaufen viel Vintage-Design, Interieur (tolles dänisches Design) und handgemachte Kleinigkeiten wie Ansichtskarten, kleine Kunstwerke und Entwürfe junger Talente. Jane ist immer auf der Suche nach hübschen Sachen für den Laden. Nina entwirft und stellt den Schmuck her.

ALL THE LUCK IN THE WORLD
Gerard Doustraat 86, 1072 VW Amsterdam
www.alltheluckintheworld.nl

4. BART OLIE

Sind Sie müde vom vielen Laufen? Dann gönnen Sie sich eine entspannende Massage bei Bart Olie. Hier finden Sie echte Ruhe. Bart ist Experte für Düfte und deren Wirkung auf Körper und Seele. Er arbeitet nur mit natürlichen Marken wie Alqvimia. Manchmal sieht man Bart auch mit seinem Kastenrad durch die Straßen fahren. Dann ist er auf dem Weg zu einem Kunden. Viele Amsterdamer kennen ihn von den Massagen, die er in Unternehmen durchführt.

Eerste Jan Steenstraat 26 E, 1072 NL Amsterdam
+31 20 6752175
www.bartolie.nl

5. COFFEE & COCONUTS

In dem kreativen Café in einem alten Kino aus den 1920er Jahren fühlt man sich ein wenig wie in Berlin. Schon wegen des coolen Interieurs mit rohen Wänden, hohen Decken und natürlichen Materialien muss man eigentlich dort gewesen sein. Es wundert nicht, dass Stylisten sich in dieser extrem hippen Location gerne inspirieren lassen. Man fläzt sich in den Sitzsack, trinkt dazu einen frisch gepressten Saft und isst ein Stück Kuchen (fast alles ist bio), oder man arbeitet am Laptop (manchmal herrscht hier echte Büroatmosphäre). Es gibt auch Kokosmilch direkt aus der Nuss!

Ceintuurbaan 282–284, 1072 GK Amsterdam
+31 20 3541104
www.ctamsterdam.nl

6. SIR HUMMUS

Schon als Studenten haben Guy und Lior aus Jerusalem den leckersten Hummus für ihre Amsterdamer Freunde gemacht. Kein Wunder, dass sie Jahre später damit ihren Lebensunterhalt verdienen. Im einzigen Hummus-Laden Amsterdams gibt es den echten, puren Hummus (ohne E-Nummern!) zum Essen und Mitnehmen. Die Brüder machen ihn nach einem geheimen Kichererbsenrezept, und das schmeckt man. Ich garantiere Ihnen, danach kaufen Sie nie wieder ein Fertigprodukt aus dem Supermarkt.

Van der Helstplein 2, 1072 PH Amsterdam
+31 20 6647055
www.sirhummus.nl

7. MANA MANA

Das versteckte Vegetarierparadies ist stadtweit bekannt und beliebt. In einem winzigen Restaurant bereitet Inhaber Omri in der offenen Küche die leckersten Falafel, Auberginen, Hummus und andere israelische Gerichte zu. Es gibt nur wenige Tische, sodass man das Gefühl hat, bei Freunden zu sein. Für echte Fleischliebhaber scheut sich Omri übrigens auch nicht, einen Fleischspieß zu grillen. Samstags trifft man ihn auf dem hübschen Markt an der Lindegracht im Jordaan, wo er seinen Hummus verkauft.

Eerste Jan Steenstraat 85, 1072 NE Amsterdam
+31 6 41631098

8. COTTONCAKE

In einem typischen schmalen Amsterdamer Ladenlokal verkaufen Tessa und Jorinde nur Dinge, die sie selbst toll finden. Beide lieben das Reisen und entdecken immer wieder Neues für ihren Laden. Sie führen viele attraktive Marken wie Storm & Marie, Minus und Samsoe & Samsoe und daneben immer wieder Teile von jungen aufstrebenden Labels – eine Herzensangelegenheit der beiden. Probieren Sie auch die köstlichen Smoothies oder den hausgemachten Walnuss-Bananen-Cake. Und werfen Sie einen Blick auf die ständig wechselnden Kunstausstellungen (die Werke stehen übrigens auch zum Verkauf).

1e van der Helststraat 76, 1072 NZ Amsterdam
+31 20 7895838
www.cottoncake.nl

MM
MM
MAZZER
FAEMA
E 61

cebine
PRINT CEBINE € 24,90

9. KAUFHAUS

Hier gibt es absolut geniale Sachen. Also keine abgetragenen Kleider mit riesigen Schulterpolstern, sondern feine Schnitte, reine Schurwolle und schöne Prints. Morena und ihre beiden Freundinnen haben ein gutes Gespür für Mode und Styling und suchen jedes Kleidungsstück und jede Tasche selbst aus. Das gilt übrigens auch für die Vintage-Möbel. Schön zu wissen, dass die Hälfte des Gewinns in ein Entwicklungsprojekt in Afrika fließt.

Eerste Sweelinckstraat 21 H, 1073 CL Amsterdam

10. TRUST

Das Motto dieses auffallend freundlichen Ladens ist »Come as you are, pay as you feel«. Sieben Freunde haben sich gemeinsam das Konzept von Trust ausgedacht, wo auf fast jedem Tisch das spirituelle Buch *Een cursus in wonderen* (»Ein Kurs in Wundern«) liegt. Die darin vermittelten Gedanken über Liebe und Glück setzen sie jeden Tag um – ihr Geschäft hängt voller Sinnsprüche und Lebensweisheiten. Serviert werden verführerische Bio-Suppen, Salate, hausgemachte Kuchen und Smoothies mit Namen wie »Down the Rabbit Hole«. Preise werden nirgends genannt, denn man zahlt hinterher, was man möchte.

Albert Cuypstraat 210, 1073 BM Amsterdam
+31 20 7371532
www.trustamsterdam.org

11. GATHERSHOP

Jessicas kleiner Laden wirkt klar und ruhig. Trotzdem gibt es unglaublich viel zu entdecken. Die Inhaberin ist Designerin, das ist nicht zu übersehen. Jessica glaubt an die Einfachheit der Dinge und verkauft nur handgefertigte Designobjekte wie Keramik, Schmuck, Rahmen oder Karten, die eine eigene Geschichte haben. Alles stammt von meist noch unbekannten Designern aus kleinen (häufig Amsterdamer) Studios. Der Laden ist gekonnt gestaltet und schon darum einen Besuch wert. Zur Inspiration eignet sich auch ihr Instagramprofil (@gathershop).

Van Woustraat 99, 1074 AG Amsterdam
+31 20 7520681
www.gathershop.nl

12. HUTSPOT

Ein Concept Store, in dem die Kreativität und Freiheit der Stadt spürbar ist. Unten gibt es außergewöhnliche Kleidung, Schmuck, Möbel und Kunst von jungen Designern und Kreativen, aber auch von etablierten Marken. Oben befindet sich zwischen noch mehr schönen Stücken eine Kaffeebar mit Bistro. Schon frühmorgens ist hier viel los, denn die Leute kommen her, um zu arbeiten. Wenn Sie den urbanen Lifestyle von Amsterdam suchen, sind Sie hier goldrichtig. Auch ein Blick auf die immer überraschenden Ausstellungen junger Künstler und Fotografen lohnt sich.

Van Woustraat 4, 1073 LL Amsterdam
+31 20 2231331
Rozengracht 204-210, 1016 NL Amsterdam
+31 20 3708708
www.hutspotamsterdam.com

BREAKFAST
SALADS

SHOPPEN
1 POMPON
2 HET BRILLENPALEIS
4 PICCOLA
5 LENA
8 MOOOI
12 SPRMRKT
ESSEN & TRINKEN
6 WINKEL
7 KOEVOET
9 SLA
13 DE VEGETARISCHE TRAITEUR
KULTUR & ENTSPANNUNG
10 DE NIEUWE YOGASCHOOL
11 GALERIE BART
MÄRKTE
3 NOORDERMARKT
HAARLEMMERHOUTTUINEN
BROUWERSGRACHT
NASSAUKADE
WESTERSTRAAT
PRINSENGRACHT
KEIZERSGRACHT
HERENGRACHT
RAADHUISSTRAAT
ROZENGRACHT
PRINSENGRACHT
KEIZERSGRACHT
HERENGRACHT

DE JORDAAN

Der Jordaan ist das ideale Viertel, wenn man sich einfach treiben lassen will. Sträßchen, Grachten und schmale Häuser mit versteckten Höfen und hübschen Fassaden laden zum endlosen Bummeln ein. Zahlreiche kleine Restaurants und Boutiquen mit Kuriositäten, Mode und Blumen reihen sich aneinander. Es gibt aber auch noch alteingesessene Bäcker und Metzger. Quirlig geht es samstags auf dem Noordermarkt zu, einem großen Bauernmarkt mit biologisch angebauten Produkten.

1. POMPON

Pompon ist mehr als ein normaler Florist. Er ist einer der stilvollsten Blumenläden der Stadt. Der Raum ist üppig gefüllt mit den herrlichsten Blumen und Pflanzen. Pausenlos werden auf Bestellung originelle Sträuße zusammengestellt. Außerdem liefert der Familienbetrieb regelmäßig Blumen an Stylisten für Zeitschriften. Bei Großveranstaltungen (wie die Krönung von König Willem-Alexander) übernimmt Pompon den Blumenschmuck. Auch die gut betuchten Damen aus dem Grachtengürtel geben hier ihre wöchentlichen Bestellungen auf.

Prinsengracht 8–10, 1015 DV Amsterdam
+31 20 6225137
www.pompon.nl

2. HET BRILLENPALEIS

Wenn man vor dem Schaufenster steht, könnte man meinen, dieses Geschäft mit Brillen aus den 1960er und 1970er Jahren sei schon seit Jahren geschlossen. Überall liegen Sonnenbrillen und Gestelle kreuz und quer durcheinander auf dem Tisch, der Fensterbank und eben im Schaufenster. Der Inhaber ist ein leidenschaftlicher Sammler neuer (!) Retromodelle aus Italien, Frankreich und England. Wenn Sie wie ich eine Schwäche für originelle Sonnenbrillen haben, ist dies das Paradies für Sie. Aber Achtung, der Laden ist nur samstags geöffnet.

Noorderkerkstraat 18, 1015 NB Amsterdam

3. NOORDERMARKT

Unter den alten Linden auf dem Noordermarkt findet jeden Samstag mein Lieblingsbauernmarkt statt. Wie in früheren Zeiten ist der Markt auch heute noch Treffpunkt für die Anwohner. Obst und Gemüse aus Bio- oder Kleinbetrieben, Brot und Milchprodukte, aber auch ein paar Vintage-Artikel, hübscher Schmuck und antiquarische Bücher laden zum Bummeln und Schauen ein. Anschließend tanken Sie am besten auf der Sonnenterrasse von Winkel neue Energie.

Noordermarkt, Amsterdam
www.boerenmarktamsterdam.nl

4. PICCOLA

Schmuckdesignerin Noomi van Gelder gestaltet Schmuck aus Silber und Halbedelsteinen und greift dabei auf die Symbolik vieler Kulturen zurück. Ihr Atelier befindet sich in einem unauffälligen Eckhaus am Noordermarkt. Daher ist es leicht zu übersehen. Die Ketten, Armbänder, Ohrringe und Ringe fertigt Noomi alle von Hand. Wenn Sie möchten, sucht sie den Edelstein heraus, der besonders gut zu Ihnen passt.

Prinsengracht 16, 1015 DV Amsterdam
+31 6 288646769
www.noomivangelder.nl

SUZANNE SMULDERS

SUZANNE, **ELISA**, **ANGELA** und **DIANA** betreiben die erste Fashion Library von Amsterdam. Hier kann man Vintage-Mode sowie Kleidung von jungen Designern oder hochwertigen Ökolabels ausleihen. So wollen die vier Fashion-Liebhaberinnen einen Beitrag zu einer nachhaltigeren Welt leisten. Zu einem festen Monatsbetrag leiht man sich so viele Röcke, Jacken, Jacketts und Hüte aus, wie man möchte. Und wenn einem ein Stück richtig gut gefällt, kann man es auch kaufen.

5. LENA
Westerstraat 174H, 1015 MP Amsterdam
+31 20 7891781
www.lena-library.com

»Amsterdam ist verrückt und extrem, das mag ich.«

WAS BEDEUTET AMSTERDAM FÜR DICH?
Wir kommen alle vier aus Eindhoven. Da ist Amsterdam schon etwas anderes. Hier kann es nie verrückt und extrem genug sein, das ist super. Vor allem mit unserer großen Vintage-Leidenschaft sind wir hier genau richtig. Es ist einfach total angenehm, dass das Secondhand-Angebot so groß ist. In Amsterdam macht es riesigen Spaß, Unikate und Qualitätsstücke aufzuspüren.

WAS STEHT IN DEINEM GEHEIMEN ADRESSBUCH?
Puh, es gibt so viele tolle Orte. Wenn die Sonne scheint, sitze ich häufig im **Brazuca** in der Rijnstraat bei Kaffee und Acai-Beerenpüree, typisch brasilianisch. Ich gehe aber auch sehr gerne mit dem Hund im Amsterdamse Bos spazieren.

WO FINDEST DU IN AMSTERDAM INSPIRATION?
Mich inspirieren vor allem Menschen, und Menschen gibt es in Amsterdam genügend. Im Garten des Rijksmuseums kann ich in Ruhe ein Buch lesen oder einfach in die Gegend schauen. Besonders die Leute am Brunnen sind sehr unterhaltsam.

WELCHES IST DEIN LIEBLINGSVIERTEL?
Das ist schwierig. Ich glaube De Pijp, wo ich auch wohne. Dort ist es nicht so voll wie im Centrum, aber es gibt trotzdem viele Möglichkeiten, essen oder shoppen zu gehen oder gemütlich etwas zu trinken. Es ist eine bunte Mischung aus hippen Restaurants, Secondhand-Läden, Concept Stores, Multikulti-Locations und alten Amsterdamer Kneipen. Und natürlich ist der Albert Cuypmarkt um die Ecke!

WAS DARF MAN IN AMSTERDAM AUF KEINEN FALL VERPASSEN?
Wer das Kino liebt, muss einmal im Filmtheater **De Uitkijk** (Seite 53) gewesen sein. Es ist das älteste Kino der Niederlande und komplett im 20er-Jahre-Stil ausgestattet. Dort gibt es nur einen Saal mit einem Balkon und das Personal bedient einen immer sofort.

6. WINKEL

Dieses Bistro-Café in einem typischen Amsterdamer Ladenlokal ist für seinen unübertroffenen Apfelkuchen bekannt. Den ganzen Tag über wird frisch gebacken, auch an einem hektischen Samstag, wenn gegenüber der Öko-Bauernmarkt brummt (dann wird schon um 7 Uhr morgens geöffnet). Mit dem ersten Frühlingstag beginnt der Ansturm auf die große Terrasse, denn alle im Jordaan wissen, dass man hier den ganzen Tag in der Sonne sitzt.

Noordermarkt 43, 1015 NA Amsterdam
+31 20 6230223
www.winkel43.nl

7. KOEVOET

Sie möchten gern sehen, wie eine typische Jordaan-Wohnung mit Fransen und Rüschen von innen aussieht? In einer schmalen Straße, versteckt hinter dem Noordermarkt, haben Mario und Piergiorgio in ihrem italienischen Restaurant alles authentisch belassen. Daher sieht es noch so aus wie im Café der Familie Koevoet um 1900. Schon seit Jahren werden hier die köstlichsten italienischen Gerichte serviert (allerdings keine Pizza). Eigentlich ist alles zu empfehlen, aber wirklich göttlich ist der frische Mozzarella. Das Koevoet ist ein verstecktes Juwel, immer randvoll mit Einheimischen. Und keiner verlässt es, ohne einen am Tisch gerührten Scroppino getrunken zu haben.

Lindenstraat 17, 1015 KV Amsterdam
+31 20 6240846

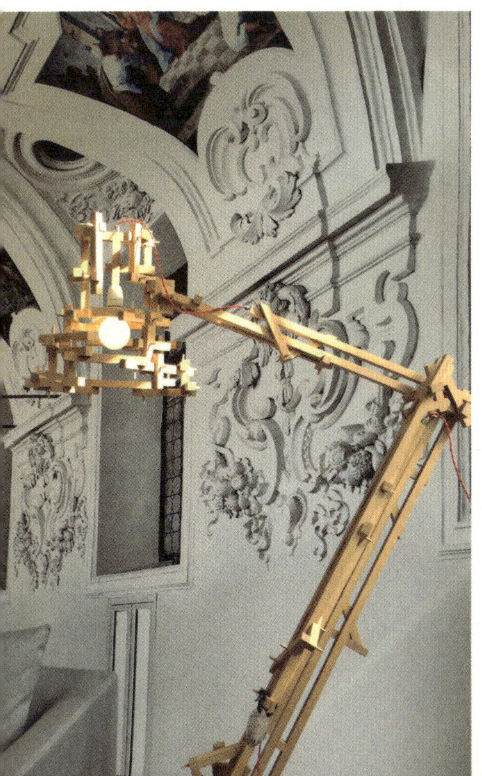

8. MOOOI

In einem alten Schulgebäude mitten im Jordaan befinden sich Galerie und Laden des Designers Marcel Wanders. Stöbern Sie hier, so lange Sie wollen, und lassen Sie sich faszinieren von den Designsofas, Lampen, Teppichen, Vasen, Kunstwerken und anderen schönen Dingen von Marcel Wanders und seinen Kollegen Piet Boon, Jamie Hayon und Edward van Vliet. Allein der hohe Raum mit den riesigen Fenstern ist einen Besuch wert.

Westerstraat 187, 1015 MA Amsterdam
+31 20 5287760

0 2 4 6 8 10
10 V

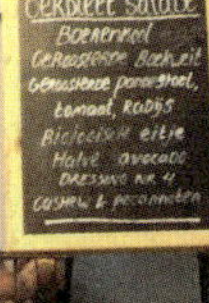
Boerenkool
tomaat, Radijs
Halve avocado
DRESSING NR. 4

9. SLA

Wenn Sie Salat lieben, wird Ihnen hier das Herz aufgehen. Grünes steht in großer Auswahl auf der Karte, und die Einrichtung mit Pflanzen auf den Tischen und an den Wänden passt dazu. Die Salatbar selbst ist einem Gewächshaus nachempfunden. Ihren Salat können Sie sich selbst zusammenstellen oder aus den Kombinationen des Kochs eine auswählen. Um die Mittagszeit ist es innen recht voll. Sie können Ihren Salat aber auch auf einer Bank am Noordermarkt genießen, wo es immer etwas zu erleben gibt.

Westerstraat 34, 1015 MK Amsterdam
+31 20 3702733
Mehr Informationen auf www.ilovesla.com

10. DE NIEUWE YOGASCHOOL

In der ehemaligen Armenschule mitten im Jordaan befindet sich die Yogaschule des bekannten Amsterdamer Yogalehrers Johan Noorloos. Hier werden Yogakurse, Workshops und Massagen angeboten. Sie können aber auch einfach im gemütlichen Speiseraum einen Salat essen, einen Smoothie trinken oder sich mit jemandem unterhalten. Vollkommen überraschend hier im hektischen Stadtzentrum ist der riesige Garten hinter dem Haus, eine Oase der Ruhe, wo Sie zwischen Blumen und Pflanzen den Vögeln lauschen können.

Laurierstraat 109, 1016 PL Amsterdam
www.denieuweyogaschool.nl

11. GALERIE BART

In dieser Galerie werden ausschließlich Werke von Künstlerinnen und Künstlern ausgestellt, die an einer niederländischen Kunstakademie studiert haben. Bart rekrutiert die jungen Talente auf deren Abschlusspräsentationen. Werke, wie sie hier gezeigt werden – Fotografie, Malerei, Objekte und Videoinstallationen –, bekommt man nicht häufig zu sehen. Jedes Jahr findet eine »Neue-Ernte«-Ausstellung statt, eine Auswahl der Kunst von Absolventen, die nach Einschätzung der Galerie die zukünftige Kunstszene bestimmen werden.

Elandsgracht 16, 1016 TW Amsterdam
+31 20 3206208
www.galeriebart.nl

12. SPRMRKT

Wo früher ein großer Supermarkt war, findet man heute die tollsten Designermarken. In der Industriehalle erinnern nur noch die alten Kühlschranktüren der Umkleidekabinen an den einstigen Großmarkt. Inzwischen gibt es hier Mode (auch für Männer), Schuhe, Schmuck, Sonnenbrillen und viele Marken, die man sonst kaum findet, wie Wendy + Jim und Henrik Vibskov. Ungewöhnlich ist auch die große Buchauswahl zu Kunst und Fotografie. Außerdem es gibt sogar einen Friseur.

Rozengracht 191–193, 1016 LZ Amsterdam
+31 20 3305601
www.sprmrkt.nl

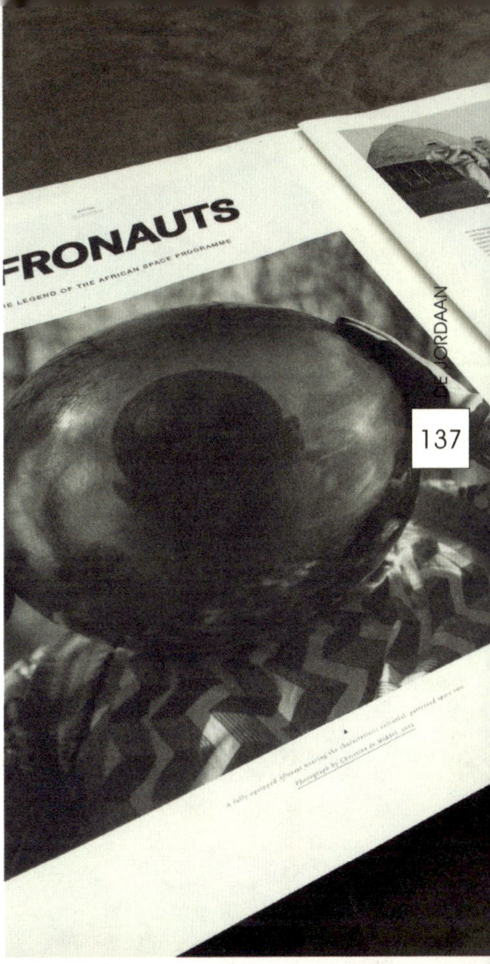
FRONAUTS
E LEGEND OF THE AFRICAN SPACE PROGRAMME

13. DE VEGETARISCHE TRAITEUR

Dieser Traiteur ist ein Paradies für Veganer, Vegetarier und Neugierige. Alles ist rein pflanzlich – Würstchen, Hähnchenschnitzel und Wurstbrote sind aus Soja und Gemüse, und auch der Thunfisch und die Fischstäbchen sind fischfrei. An den Tischen im hinteren Bereich wird ein Mittagsimbiss serviert. Man kann sich aber auch ein Brot oder einen Salat mit auf die Bank nach draußen nehmen. Für Kulturfreunde: Gegenüber (Nummer 184) steht das Haus, in dem Rembrandt van Rijn einen Großteil seines Lebens verbracht hat.

Rozengracht 217, 1016 NA Amsterdam
+31 20 4234199
www.vegetarischetraiteur.nl

SHOPPEN

2 JAVA BOOKSHOP
3 ASHES TO SNOW
5 AMBROZIJN
6 BLOEMEN OP LOCATIE

ESSEN & TRINKEN

1 HARTJE OOST
4 BEDFORD-STUYVESANT

KULTUR & ENTSPANNUNG

7 STUDIO/K
9 WELLNESS 1926

SPAZIEREN GEHEN

8 FLEVOPARK

INDISCHE BUURT

Hinter den Bahngleisen in Amsterdam-Oost liegt die Indische Buurt, ein Viertel, das bis vor Kurzem zu den weniger attraktiven gehörte. Aber wie in De Baarsjes und Bos en Lommer werden nun auch hier die typischen Häuser aus der Jahrhundertwende renoviert und die Kreativen kommen. In der fast vollständig grunderneuerten Javastraat eröffnen Cafés und Kunstgalerien neben dem örtlichen Gemüsehändler oder einem Telefonladen. Diese spannende Mischung macht das Viertel aus. Wenn Sie vom Herumlaufen genug haben, besuchen Sie den Flevopark, einen der unbekanntesten, aber schönsten Parks der Stadt.

1. HARTJE OOST

In der Café-Boutique von Eline und Esther ist immer etwas los. Probieren Sie die schöne Kleidung an – etwa die wunderbaren eigenen Entwürfe – oder genießen Sie zu Ihrem Hummus-Brot einen Kaffee. Alles ist nachhaltig, ökologisch und regional und wird von den Inhaberinnen mit Liebe selbst zubereitet. Die Leute aus der Gegend arbeiten an ihren Laptops oder trinken am langen Tisch ein Tässchen Tee mit Ihren Freunden.

Javastraat 23, 1094 GZ Amsterdam
+31 20 2332137
www.hartjeoost.nl

Verhaas me
JELINEK
RIJN GOUD
Fabio Stassi
De laatste dans
DE HOND
JOSEPH O'NEILL
VRIJ

2. JAVA BOOKSHOP

In der quirligen Javastraat wird dieser gemütliche Buchladen schnell übersehen. Sharon und Sanne gehörten zu den Ersten, die feststellten, dass die Straße im Kommen ist. Aus ihrem Laden haben sie ein gemütliches Wohnzimmer gemacht und servieren ihren Kunden einen köstlichen Latte Macchiato. Die beiden sind echte Bücherwürmer und haben immer einen Tipp parat. Es gibt viele originalsprachliche Bücher bekannter und unbekannter Autoren zu entdecken und auch einige (englischsprachige) Bücher über Amsterdam. Ganz besonders zu empfehlen ist die Kinderbuchabteilung.

Javastraat 145, 1094 HE Amsterdam
+31 20 4634993
www.javabookshop.nl

MAIKEL PIQUÉ UND MAICHEL KLICK

Die zwei waren viele Jahre als Pop-up-Friseure auf Festivals, Partys und in alten Schulgebäuden unterwegs. In der multikulturellen Javastraat haben sie nun ihren ersten eigenen Laden eröffnet, wo es Latte Macchiato, Kunst von jungen Talenten und einen frischen Haarschnitt am großen, runden Tisch gibt. Der Salon der beiden Top-Friseure ist ein künstlerischer Treffpunkt, an dem es nie langweilig wird. Vielleicht setzt sich ja jemand an den imposanten Flügel, während Ihnen gerade die Haare neu gestylt werden.

3. ASHES TO SNOW
Javastraat 72, 1094 HL Amsterdam
+31 20 3621480
www.ashestosnow.com

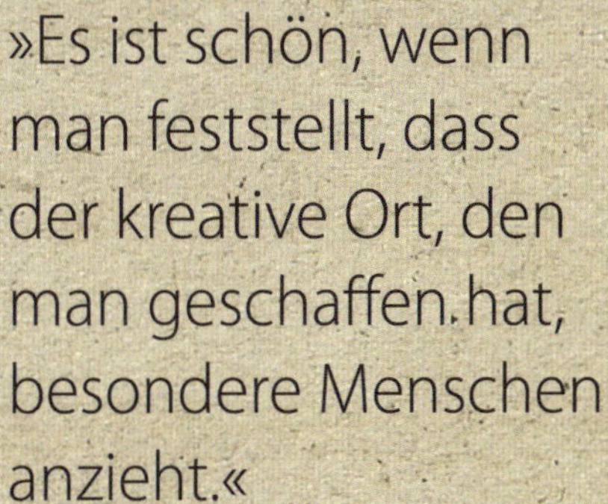

»Es ist schön, wenn man feststellt, dass der kreative Ort, den man geschaffen hat, besondere Menschen anzieht.«

WIE WÜRDET IHR DEN AMSTERDAMER STIL BESCHREIBEN?
Amsterdam hat so viele unterschiedliche Stile und Menschen. Alles ist bunt und vielseitig. Amsterdam ist klein, aber fein.

WAS STEHT IN EUREM GEHEIMEN ADRESSBUCH?
Die Schrebergärten von Noord und das Gebiet dahinter, weil es eine Oase der Ruhe ist. Es ist grün und mit den kleinen Wasserläufen sehr idyllisch. Auch der **Flevopark** (Seite 156) ist fantastisch, dort darf der Hund noch ohne Leine laufen.

WOHIN GEHT IHR, WENN IHR IN AMSTERDAM INSPIRATION SUCHT?
Kommt darauf an, was gerade an Konzerten, Ausstellungen und Veranstaltungen läuft. Beispielsweise im Concertgebouw, Foam oder Ruigoord. Was Mode und neue Kollektionen angeht, ist **SPRMRKT** (Seite 136) sehr inspirierend. Aber am meisten inspirieren uns die Leute auf unserem Friseurstuhl. Es ist schön, wenn man feststellt, dass der kreative Ort, den man geschaffen hat, besondere Menschen anzieht.

WELCHES IST EUER LIEBLINGSVIERTEL?
Ganz klar die Indische Buurt. Wir sind täglich in der Javastraat, einer ziemlich verrückten Straße mit einem bunten Gemisch aus Menschen und Lebensstilen. Es passiert eine Menge. Wir sind gespannt, was noch so kommen wird.

WO MÖCHTET IHR UNBEDINGT NOCH HIN?
Zu **Roti Room**, einem indischen Restaurant in der Eerste Oosterparkstraat, dort kann man wunderbar vegetarisch essen.

WAS DARF MAN IN AMSTERDAM AUF KEINEN FALL VERPASSEN?
Ein Picknick im Park zusammen mit Freunden an einem warmen Sommertag.

4. BEDFORD-STUYVESANT

Dieses Bistro-Café in der Javastraat ist benannt nach dem einst sehr verrufenen Teil von Brooklyn, das heute ein hippes New Yorker Szeneviertel ist. Allein die außergewöhnliche Vintage-Einrichtung des Bedford-Stuyvesant ist eine Radtour in die Indische Buurt wert. Ein heißer Tipp sind die Spinatsmoothies und die Dinkelbrote, die Eusène und Caroline mit viel Liebe zubereiten (und natürlich der Kaffee). An dem großen Tisch lässt es sich ungestört arbeiten, und hinten in der gemütlichen Kinderecke treffen sich Mütter mit Kindern.

Javastraat 55, 1094 HA Amsterdam
+31 20 3342175
www.bedfordstuyvesant.nl

5. AMBROZIJN

In der lebhaften Javastraat, einem Schmelztiegel der Kulturen, befindet sich auch dieses traditionelle Delikatessengeschäft. Im Angebot sind Würste von Brandt & Levie, Erdnusscrème von Zeemansboter, spannende Bio-Weine, Kuchen wie von Mama, Schokolade und Olivenöl zum Selbstzapfen. Hinten im Lokal kann der Wein verkostet werden. Ein Tante-Emma-Laden im modernen Gewand.

Javastraat 75A, 1094 HB Amsterdam
+31 6 34692917
www.ambrozijn.nl

handgemaakte ketchup
met een vleugje
chipotle
je PROEFT de
KRACHT van de
POLDER
natuurlijk van
KLASSIEK
&
KETCH
natuurlijk van
authentiek
DE KETCHUPFABRIEK
ESTD © 2013
MOSTERDKETCHUP
INHOUD: 200 ML

Fritz Kola
fritz-limo

6. BLOEMEN OP LOCATIE

Bloemen op Locatie ist mehr als ein gewöhnlicher Blumenladen. Stylistin Anchela entwirft die schönsten Kreationen für Veranstaltungen und besondere Gelegenheiten. Die Blumen können aber auch einzeln gekauft und zu einem eigenen Kunstwerk zusammengestellt werden. In den angebotenen Workshops kann man selbst lernen, persönliche und kreative Sträuße zu binden.

Javaplein 4, 1094 HW Amsterdam
+31 20 4635317
www.bloemenoplocatie.nl

7. STUDIO/K

Wer Arthouse-Filme (und bequeme Sitze) schätzt, kommt hierher, und zwar aus der ganzen Stadt. Studio/K ist ein Kino und gleichzeitig ein Café-Restaurant und Club in einer umgebauten Handwerksschule mit großen, hohen Fenstern. Betrieben wird die Location von Studierenden. In der lockeren, persönlichen Atmosphäre können Sie auch einfach ein Bier trinken oder eine unkomplizierte Bio-Mahlzeit genießen. Die Eigentümer haben ein gutes Auge für die Kunst junger Talente, die im Café in wechselnden Ausstellungen gezeigt wird.

Timorplein 62, 1094 CC Amsterdam
+31 20 6920422
www.studio-k.nu

8. FLEVOPARK

Bei der Anlage dieses Parks am Rand der Indischen Buurt dienten Anfang des letzten Jahrhunderts Parks in Paris und Hamburg als Vorbild. Er gehört zu meinen Lieblingsparks, weil man mitten in der Stadt das Gefühl hat, man befinde sich auf dem Land in Frankreich. Im Sommer kann man hier ein buntes Treiben der Kulturen beobachten: Familien beim Picknick, spielende Kinder und Sonnenhungrige aus dem Viertel. Schauen Sie sich auch die versteckten Fischerhäuschen am Wasser an; danach geht es zur Stärkung auf die Terrasse von Het Gemaal. Hier lässt sich in verwunschener Umgebung die Ruhe genießen.

Eingänge zum Park: Javaplantsoen und Valentijnkade

9. WELLNESS 1926

Dieses kleine Stadt-Spa liegt mitten in der Indischen Buurt, wo man es wirklich nicht erwarten würde. Eigentümerin Samira ist Innenarchitektin und hat die originelle Einrichtung nach ihrem eigenen Geschmack entworfen. Es ist eine Mischung aus Vintage, mediterranen Fliesen und orientalischen Lämpchen. An der Wand hängen zersägte Schreibtischschubladen und Stühle. Gönnen Sie sich eine Massage, Maniküre oder Pediküre oder schwitzen Sie in der kleinen, aber feinen Sauna. In dem gemütlichen Café gibt es köstlichen Tee. Samira stellt ihn selbst aus Kräutern zusammen, die ihre Tante aus Marokko mitbringt.

Halmaheirastraat 28, 1094 RL Amsterdam
+31 20 7749180
www.wellness1926.nl

SHOPPEN

2 DOORDEWEEKS
8 KLEIN BERLIJN
9 HANDMADE HEAVEN
10 PIEKSMAN
11 HET BAKBLIK
12 LEMONADE
13 BOEKALICIOUS

ESSEN & TRINKEN

1 MARITS HUISKAMER-RESTAURANT
3 IJSBOEFJE
4 DE VERGULDEN EENHOORN
6 BETER & LEUK
7 RUM BABA
14 THUIS AAN DE AMSTEL

SCHLAFEN

5 VOLKSHOTEL

OOST & WATERGRAAFSMEER

In diesem Viertel im Osten Amsterdams kann man der Hektik der Stadt leicht entkommen. Im Park Frankendael oder im Oosterpark (mit dem Denkmal für den ermordeten Filmemacher Theo van Gogh) ist es im Vergleich zum Vondelpark wunderbar ruhig. Bis vor Kurzem war in Oost wenig los, aber inzwischen bleiben kaum noch Wünsche offen. Vor allem das Transvaalviertel ist im Kommen: In den schmalen Seitenstraßen des Beukenplein und der Wibautstraat haben hübsche kleine Läden und Restaurants eröffnet. Nehmen Sie am besten das Rad (die Entfernungen sind relativ groß) und beschließen Sie den Tag auf dem Dach des coolen Volkshotels. Es ist der Ort mit der besten Aussicht über die Stadt.

1. MARITS HUISKAMER-RESTAURANT

In einer kleinen Seitenstraße versteckt befindet sich das persönliche Restaurant im Wohnzimmer eines prächtigen Herrenhauses. Dort sitzen Sie sozusagen an Marits Tisch. Sie ist Textilgestalterin, liebt aber auch das Kochen, und so beschloss sie eines Tages, ein kleines Restaurant zu eröffnen. An drei Abenden in der Woche kocht sie für Ihre Gäste die leckersten Gerichte – nachhaltig und immer ohne Fleisch und Fisch. Die Atmosphäre ist privat und ungezwungen, ein Ort der Ruhe, an dem man gern einen ganzen Abend verbringt. Es gibt nur etwa acht Tische, eine Reservierung ist also notwendig.

Andreas Bonnstraat 34 H, 1091 BA Amsterdam
+31 20 7763864
www.maritshuiskamerrestaurant.nl

EARLY MORNINGS,
BIG SHIRTS,
MESSY HAIR,
A BOOK, AND TEA.

2. DOORDEWEEKS

In Berlin oder New York sind Make-up-Bars der Renner. Lassen Sie sich von einer professionellen Visagistin perfekt stylen, bevor es zu einem Fest, Essen oder After-Work-Treffen geht. Die beiden Querdenker Jildou und Wiske machen dadurch ihren Concept Store mit toller Vintage-Kleidung, trendigen Secondhand-Möbeln und Kunst von jungen Designern zu etwas ganz Besonderem. Und wenn Sie schon mal dort sind, trinken Sie einen Kaffee oder machen Sie sich am Mittagstisch ein Sandwich. Der Laden ist ein echter Treffpunkt für die Leute aus der Gegend.

Andreas Bonnstraat 12, 1091 AX Amsterdam
+31 20 8943118
www.doordeweeks.com

3. IJSBOEFJE

Nachts legt DJane Sheila Hill in den hippen Amsterdamer Clubs auf, tagsüber verkauft sie köstliches Eis in ihrer Eisdiele am Beukenplein. Sheila hat ein gutes Gefühl für Styling. Zusammen mit ihrem Freund hat sie das Interieur ihres Ladens im Retro-Look und mit einer alten mediterranen Kachelwand selbst entworfen. Ihre Familie betreibt die traditionelle italienische Eisfabrik Monte Pelmo im Jordaan. Dort wird das Eis, das es bei Ijsboefje gibt, hergestellt. In den Wintermonaten übernimmt eine Freundin das Lokal, die zusammen mit ihrem indischen Freund herrliche Currys kocht.

Beukenplein 5, 1092 BA Amsterdam
+31 20 6638922

4. DE VERGULDEN EENHOORN

Aus ganz Amsterdam kommen die Einheimischen hierher, wenn sie der Enge der Stadt entfliehen möchten. De Vergulden Eenhorn ist in einem ehemaligen Stadtbauernhof des 18. Jahrhunderts untergebracht. Darum fühlt man sich mitten in der Stadt wie auf dem Land. Die Küche ist burgundisch und man isst im ehemaligen Kuhstall. Auf der großen Terrasse kann man an langen Tischen bis spätabends den Vögeln lauschen. Und vergessen Sie nicht, nach dem kleinen B&B zu fragen.

Ringdijk 58, 1097 AH Amsterdam
+31 20 2149333
www.verguldeneenhoorn.nl

5. VOLKSHOTEL

Früher saß hier die Redaktion der *Volkskrant*, einer der größten niederländischen Tageszeitungen. Heute ist es ein Hotel, Restaurant, Café, Club, aber auch eine Denkschmiede für kreative Köpfe, die in Scharen zum Arbeiten oder Brainstormen herkommen. Jeder ist hier rund um die Uhr willkommen. Ich kenne keinen Ort, an dem die Mischung von allem so stimmt und Einheimische und Besucher so selbstverständlich beieinandersitzen. Vergessen Sie nicht, mit dem Aufzug in die siebte Etage zu fahren, wo sich der Club Canvas mit einer der besten Terrassen und Aussichten auf die Stadt befindet. Für Hotelgäste gibt es dort sogar einen Whirlpool!

Wibautstraat 150, 1091 GR Amsterdam
+31 20 2612110
www.volkshotel.nl

6. BETER & LEUK

Die Eigentümerinnen Hanneke, Maaike und Ilse sind unübersehbar echte Gesundheitsfans. Alles bei Beter & Leuk ist hausgemacht: Granola, Quinoasalat, Bananenbrot, Ingwer-Rote-Bete-Säfte. In dem kleinen Konzeptcafé ist alles nachhaltig, sogar die Tische und Stühle sind aus natürlichem Material oder gebraucht. Weiter hinten gibt es wechselnde Kollektionen von Ökokleidung, Schmuck, Kunst sowie Bücher zu kaufen. Abends ist der Laden geschlossen. Dann kann man an veganen Sushi- oder Yoga-Foodworkshops teilnehmen.

1e Oosterparkstraat 91, 1091 GW Amsterdam
+31 20 7670029
www.beterenleuk.nl

EIN TREFFEN MIT ...

JEROEN KEIZER

Die leckerste Cranberry- oder Kürbispastete finden Sie in diesem Juwel im trendigen Transvaalviertel. Das Gebäck ist hausgemacht und wird in der offenen Küche hinten im kleinen Café hergestellt. Die Kaffeebohnen bezieht Inhaber **JEROEN** aus Brasilien und röstet sie selbst. Bei Rum Baba sind Gäste zum gemütlichen Frühstück oder später zum Lunch willkommen. Die jungen Amsterdamer trinken hier gern ihren ersten Kaffee des Tages.

7. RUM BABA
Pretoriusstraat 33, 1092 EX Amsterdam
+31 20 8469498

»In Oost bewegt sich viel, aber der raue Charme ist bis heute erhalten.«

WIE WÜRDEST DU DEN AMSTERDAMER STIL BESCHREIBEN?
Einerseits fühlt man sich in Amsterdam wie in einem großen Dorf, andererseits ist es eine Stadt mit vielen Kulturen und weltoffenen Einflüssen.

WAS STEHT IN DEINEM GEHEIMEN ADRESSBUCH?
Das **Hakata Senpachi**, ein japanisches Bistro in der Nähe des RAI, und zwar wegen der legendären Oktopuskugeln und dem lauwarmen Sake aus viel zu vollen Holzbechern.

WOHIN GEHST DU, WENN DU INSPIRATION SUCHST?
Ins American Book Center. Da ich nicht die Zeit habe, die Welt zu bereisen, finde ich hier eine ganze Welt voller Inspiration zu Design, Essen und Literatur.

WELCHES IST DEIN LIEBLINGSVIERTEL?
Oost. Schon als wir herzogen, bewegte sich viel, der raue Charme aber ist bis heute erhalten. Ein Viertel mit einem bunten Mix von Menschen, Unternehmen und Kulturen.

WO MÖCHTEST DU UNBEDINGT HIN?
Zu einer Schokoladenverkostung bei **Chocolátl**. Dort gehen sie mit Schokolade um wie wir mit Kaffee und Tee. Man lernt den kompletten Prozess kennen, von der Frucht über die Verarbeitung bis in den Mund.

hello
with LOVE
bonjour!
kleinberlijn
Klein Berlijn
TIN
FERRI

8. KLEIN BERLIJN

Dieser schöne Laden ist eine Hommage an Berlin. In der ehemaligen Traditionsapotheke stöbert man heute in handgeschneiderter Kleidung, Schmuck, Vintage-Schuhen, Taschen und anderen schönen Dingen. Wegen der chaotischen Atmosphäre und der vielen Schätze kommt man sich vor wie in Berlin. Teeliebhaber kommen hier ganz besonders auf ihre Kosten, denn es gibt ein riesiges Sortiment loser Tees, die man selbst abfüllen darf.

Middenweg 36, 1097 BP Amsterdam
+31 6 28688046
www.kleinberlijn.com

9. HANDMADE HEAVEN

Sie lieben Papier, Garn und Filz? Dann dürfen Sie dieses Bastelparadies nicht verpassen. Inneneinrichterin Twirre verkauft Perlen, Ton, Papier, Do-it-yourself-Pakete und viele schöne Bücher (auch für Kinder). Daneben veranstaltet sie regelmäßig Workshops, etwa zu Stempelherstellung, Blumenfilzen und Weben. In dem Laden gibt es so viel Tolles zu entdecken, dass die Entscheidung schwerfällt. Viele Mütter aus Watergraafsmeer kaufen hier Geschenke für Kindergeburtstage.

Middenweg 31, 1098 AB Amsterdam
+31 20 6630309
www.handmade-heaven.nl

10. PIEKSMAN

Yvo und Ulco geben sich nur mit den allerbesten Weinen zufrieden. Sie importieren Bio-Weine von über 80 Winzern, hauptsächlich aus Frankreich und Italien. Alles, was es hier zu kaufen gibt, wurde von den Brüdern persönlich geprüft. Der Laden ist ein echter Treffpunkt des Viertels – perfekt, um ein Schwätzchen über den Alltag im gepflegten Watergraafsmeer zu halten.

Hogeweg 19, 1098 BV Amsterdam
+31 20 8203602
www.pieksman.nl

11. HET BAKBLIK

In einem alten Renault 4 fährt Christina jeden Mittwoch durch Watergraafsmeer, um ihre selbst gemachten Leckereien zu verkaufen: Zitronengebäck, weiße Schokoladentorten, Lavendelkekse, Haferkekse und vieles andere. Wenn sie die Kofferraumklappe öffnet, schlägt einem der Duft von frischen Backwaren entgegen wie in Großmutters Zeiten. Christina verwendet nur natürliche Zutaten. Auf ihrer Facebookseite können Sie verfolgen, wo sie mit ihrem fahrenden Kuchengeschäft gerade steht.

www.vanmoss.nl
+31 6 14495051

12. LEMONADE

Inhaberin Sabrine ist immer auf der Suche nach besonderer, frecher Kinderkleidung. In ihrem Laden entdeckt man darum auch viel dänisches Design und Kinderkollektionen niederländischer Designer, die man auch selbst tragen würde. Außerdem gibt es hier schöne Geschenke und Einrichtungsgegenstände, unter anderem von HK Living und House Doctor. Hinten ist eine kleine Espressobar und im Sommer kann man die Mini-terrasse benutzen.

Middenweg 46 HS, 1097 BR Amsterdam
+31 20 7526555
www.mylemonade.nl

13. BOEKALICIOUS

Dies ist eine ganz besondere Kombination aus Bäckerei und (Koch-)Buchladen. Probieren Sie die selbst gemachten Torten, Macarons von Loustain (!), traditionellen Brote und den regional gerösteten Kaffee oder stöbern Sie in Ruhe im großen Regal mit Kochbüchern und kulinarischen Romanen. Verlegerin Jacqueline liebt Lesen und Kochen und möchte Menschen mit denselben Hobbys in ihrem gemütlichen Ladenlokal zusammenbringen. Wenn das Café um drei Uhr nachmittags schließt, ist noch lange nicht Schluss: Bekannte Autoren lesen aus ihren Werken, es gibt Kinderkochkurse, Verkostungen und Lesezirkel.

Galileïplantsoen 94, 1098 NC Amsterdam
+31 20 3586383
www.boekalicious.nl

GAST BIJ JAMIE
JAMIE
Kook met het ritme van de seizoenen
JAMIE OLIVER
COMFORT FOOD
De zonnige keuken van Béatrice Peltre
VAN ITALIË
Hugh Fearnley-Whittingstall
veg!
door-de-weeks
River Cottage
Recepten met en zonder vlees en vis voor elke dag
BECHT
ANNETTE VAN RUITENBURG
RENÉ ZANDERINK & ELSJE BRUIJNESTEIJN
LIEVER LOKAAL
365 DAGEN PER JAAR
FOTOGRAFIE RUTH DE RUWE
PEA
het forest feast kookboek
Eenvoudige vegetarische gerechten uit mijn zomerhuis
erin gleeson
70 GROENE SMOOTHIES
LANNOO
Simply Italian
MICHELA, EMANUELA EN ROMINA CHIAPPA
greendelicious
Natascha Boudewijn
HET MEAT FREE MONDAY KOOKBOOK
Rauw
PLANT POWER
Quinoa
nummer 1 superfood
Mari Moris
GROENTE BIJBEL
HAVERMOUTJE

14. THUIS AAN DE AMSTEL

Das kulinarisch-künstlerische Café ist eine grüne Oase mitten in der Stadt, wie es sie nur selten gibt. Die ehemalige Ingenieurswohnung der Zuidergasfabriek auf einem abgelegenen Gelände mit schönen alten Industriebauten ist komplett mit Upcycling-Möbeln und Requisiten aus der Gas- und Stromfabrik eingerichtet. Besonders im Sommer ist es hier herrlich, denn Thuis aan de Amstel hat eine der schönsten Sonnenterrassen der Stadt mit einem tollen Blick über die weite Amstel. Mit dem Fahrrad fährt man eine Weile (man kann auch mit einem Boot dort anlegen), aber das Ziel ist die kleine Reise absolut wert. Eine Ausstellung regionaler Künstler gehört übrigens auch dazu.

Korte Ouderkerkerdijk 45, 1096 AC Amsterdam
+31 20 3547520
www.thuisaandeamstel.nl

SHOPPEN

1 GEKAAPT
5 WILDERNIS
6 CREATIEVE GARAGE
12 FRIDAY NEXT

ESSEN & TRINKEN

3 FOODHALLEN
4 PAUL ANNÉE
8 HOLY RAVIOLI
9 JAN SCHILDER
11 DE FIETSKANTINE
13 KOFFIE ACADEMIE

KULTUR

7 FILMHALLEN
10 LAB111

MÄRKTE

2 LOCAL GOODS MARKET

NASSAUKADE
DE CLERCQSTRAAT
BILDERDIJKSTRAAT
KINKERSTRAAT
1E CONSTANTIJN HUYGENS STRAAT
OVERTOOM
VONDELPARK

OUD-WEST

Oud-West ist eines der vielseitigsten Viertel Amsterdams. Geschäftsleute, Kreative, Studenten, Familien mit kleinen Kindern und ältere Leute wohnen hier bunt durcheinander. Das macht das Viertel freundlich und lebendig. Es liegt direkt neben dem Zentrum, ist aber längst nicht so touristisch wie beispielsweise De Pijp. Am Bellamyplein haben die Straßen mit ihren kleinen Häusern und hübschen Vorgärten noch fast dörflichen Charakter. Wenn Sie über den Overtoom, durch die Jan Pieter Heijstraat und in die Kinkerstraat schlendern, werden Sie viele hübsche Lädchen, Cafés und andere Lokale entdecken. Spazieren Sie auch zu De Hallen, einem restaurierten ehemaligen Straßenbahndepot, wo es nach dem Vorbild des Borough Markets in London Streetfood gibt, ein Kino und originelle Läden.

1. GEKAAPT

Sie nennen sich selbst einen Marken- und Designzirkus, der immer wieder an anderer Stelle seine Zelte aufschlägt. Sie besetzen ein leer stehendes Gebäude, schaffen dort eine gemütliche Atmosphäre und sorgen für guten Kaffee. Gekaapt hat schicke Ökokleidung, handgefertigten Schmuck, nachhaltige Einrichtungsgegenstände, Vintage-Design und viele Pflanzen. Die Designer stehen persönlich an der Kaffeebar und erzählen gerne die Geschichte hinter den Produkten. Schauen Sie einfach auf der Internetseite nach, wo Gekaapt gerade gastiert.

www.gekaapt.nu

VANBOEF
AMSTERDAM

2. LOCAL GOODS MARKET

In der großen Passage von De Hallen, direkt neben dem volkstümlichen Ten Katemarkt, findet jeden Samstag ein Markt mit Produkten aus Amsterdam und Umgebung statt. Von Fahrrädern über Kleidung, Taschen und Möbel bis hin zu Tee, Wurst und Schokolade gibt es alles zu kaufen. Die Atmosphäre ist angenehm und man kann auch bei schlechtem Wetter herkommen, denn der Markt ist überdacht. In derselben Passage hat kürzlich auch der Local Goods Store eröffnet, ein Geschäft mit regionalen Marken, die auch auf dem Markt vertreten sind.

Hannie Dankbaar Passage 33, 1053 RT Amsterdam
www.dezwijger.nl

3. FOODHALLEN

Dieser Indoor-Foodmarket ist in einem alten Straßenbahndepot untergebracht, das lange leer stand, inzwischen aber komplett restauriert ist. Das Konzept ist vom Borough Market in London und dem Mercado de San Miguel in Madrid inspiriert, wo Straßenküchen unglaublich beliebt sind. Streetfood-Gourmets kommen hier ganz auf ihre Kosten. Es gibt zahlreiche Stände mit Essen aus aller Herren Länder wie australische Pies, vietnamesische Garküchenkost, Sushi Rolls und Spanferkel. Ich trinke hier gern zwischen zwei Terminen einen Kaffee und fühle mich dann sehr urban.

Bellamyplein 51, 1053 AT Amsterdam
www.foodhallen.nl

4. PAUL ANNÉE

In dieser kleinen Bäckerei wird das Brot schon seit 50 Jahren wie bei Oma gebacken. Alles ist bio, vegetarisch und ohne raffinierten Zucker. In den 1960er Jahren war der Laden ein Lieblingstreffpunkt für Hippies. Was eine »gewöhnliche« Bäckerei anbietet, wird man hier nicht finden. Bei Paul Année mag man das nicht so. Sehr zu empfehlen sind die selbst gemachten Tofu-Brote, die es sonst nirgendwo in der Stadt gibt.

Bellamystraat 8, 1053 BL Amsterdam
+31 20 6183113
www.bakkerijpaulannee.nl

5. WILDERNIS

Das trendige Gartengeschäft von Innenarchitektin Emma und Werbetexterin Mila ist ein Paradies für alle Besitzer von Gärten, Balkons oder Dachterrassen. Dort gibt es unendlich viele (schöne!) Gartenartikel, Saatgut, Pflanzentöpfe und – für die, die keinen Außenbereich haben – Zimmerpflanzen, Blumenampeln, botanische Drucke, Gewächshäuser oder Bücher. Wer keinen grünen Daumen hat, kann auch einen Kurs zum Anlegen eines Nutzgartens auf dem Balkon oder einen Blumenstyling-Workshop belegen. Lassen Sie all das überwältigende Grün bei Kaffee und Tee auf sich wirken. Mir kommen hier immer viele Ideen für Haus und Garten.

Bilderdijkstraat 165 F, 1053 KP Amsterdam
+31 20 7852517
www.wildernisamsterdam.nl

BASISBOEK TUINIEREN
Sahil
Sahil
Sahil

6. CREATIEVE GARAGE

In der hübschesten noch unentdeckten Straße von Oud-West (voller alter Häuschen mit gepflegten Vorgärten) haben Yris und Joris in einer ehemaligen Werkstatt einen Drop-off-Laden eröffnet. Er ist vollgestopft mit ausgefallenem Schmuck, Taschen, Zinnspielzeug, Gemälden und anderen Objekten von Künstlern, die ihre Werke gern ausstellen möchten, allein aber nicht die Möglichkeit dazu haben. Aber er ist auch eine Kreativschmiede, wo ständig gearbeitet wird oder ein Schreiner- oder Malerworkshop stattfindet. Die Anwohner der Straße kommen gern auf einen Cappuccino an der hauseigenen Bar vorbei.

Bellamystraat 91, 1053 BJ Amsterdam
+31 6 19979967
www.creatievegarage.com

7. FILMHALLEN

In einem ehemaligen Straßenbahndepot, wo früher die ersten elektrischen Straßenbahnen in Amsterdam gewartet wurden, laufen jetzt Filme. Mit neun Sälen ist dies eines der größeren Kinos von Amsterdam. Gezeigt werden viele Arthouse-Filme und die besseren Produktionen aus Hollywood. Auch wer nicht ins Kino will, kann hier etwas trinken und die wunderbar lange, hohe Passage bestaunen.

Hannie Dankbaar Passage 12, 1053 RT Amsterdam
+31 20 8208122
www.filmhallen.nl

TIM VAN GIJZEL UND MENNO KATTENWINKEL

Die Vitrinen bei **MENNO** und **TIM** quellen geradezu über von selbst gemachten Ravioli. Inhaber Tim kam auf die Idee zu dem Laden, als er einmal nirgends frische Ravioli bekam. Also machten sich Menno und er selbst an die Arbeit. Heute verkaufen sie die überraschendsten Sorten: Ravioli mit Gambas, Schwarzwurzel und kandierter Ente. Aus ganz Amsterdam kommen die Leute, um frische Pasta zu kaufen. Fertige Ravioligerichte und Suppen werden aber auch geliefert.

8. HOLY RAVIOLI
Jan Pieter Heijestraat 88, 1053 GS Amsterdam
+31 20 6818414 www.holyravioli.nl

»Wir lieben es, durch Amsterdam zu radeln, vor allem im Sommer.«

WIE WÜRDET IHR AMSTERDAM BESCHREIBEN?
Amsterdam ist eine Stadt mit vielen kreativen Freigeistem, in der verschiedene Kulturen zusammenleben. Bei uns in der Straße ist das offensichtlich, hier arbeiten alle zusammen.

WAS STEHT IN EUREM GEHEIMEN ADRESSBUCH?
If we tell you we have to kill you … Aber gut, wenn es sein muss: Das **Mappa** in der Nes ist eine verborgene Perle mit total netter Bedienung und coolem Küchenpersonal.

WOHIN GEHT IHR, WENN IHR INSPIRATION SUCHT?
Dann gehen wir zu **Kanen bij Ten Kate**, **Kanen bij de Campus** oder **Kanen bij de Kachel**. Das ist Streetfood, wie es hier in Oud-West auf dem Ten Katemarkt seinen Anfang genommen hat. Dort arbeiten viele Leute mit großer Leidenschaft für ihr Fach.

WELCHES IST EUER LIEBLINGSVIERTEL?
Wir finden eigentlich alle Viertel cool. Jedes Viertel hat etwas anderes, was uns gefällt. In Zuid-Oost gibt es zum Beispiel wahnsinnig schöne Ecken und in Nieuw-West auch.

WAS DARF MAN IN AMSTERDAM AUF KEINEN FALL VERPASSEN?
Im Sommer durch die Stadt zu radeln.

9. JAN SCHILDER

Jan aus Volendam steht schon seit Jahren mit seinem Heringswagen auf der Bilderdijkstraat. Es ist ein offenes Geheimnis, dass es hier den leckersten Hering gibt. Wie warme Semmeln geht er über die Theke. Bei jedem Kunden wird der Hering erstmal sorgfältig und mit Liebe gesäubert – das dauert einen Moment. Darum bildet sich immer eine ziemlich lange Schlange. Lassen Sie sich davon aber nicht abschrecken. Das Warten lohnt sich.

Bilderdijkstraat (gegenüber Kwakersplein), Amsterdam

10. LAB 111

Das Haus für Filmemacher und Filmliebhaber liegt recht versteckt im Helmersviertel, sodass viele es nicht sofort finden. Auf dem Programm stehen häufig Animations- und Dokumentarfilme. Auch unkonventionelle Filme von freien Regisseuren ohne Produzenten werden gezeigt. Lab111 ist in einem ehemaligen anatomischen Labor untergebracht. Daher ist es schön weitläufig. Ein Besuch lohnt sich auch, wenn man nur etwas essen will. Hinter dem Gebäude ist ein toller Nutzgarten mit Bienenstöcken. Für viele Kreative und Kunststudierende ist dieses versteckte Plätzchen ein Geheimtipp.

Arie Biemondstraat 111, 1054 PD Amsterdam
+31 20 6169994
www.lab111.nl

LOT SIXTY ONE
COFFEE ROASTERS
Coffee:
Not Coffee:
BLACK 2.00
WHITE 3.00
FILTER 3.00
HOT CHOCOLATE
CHAI
TEA
MOCHA
PIN ONLY

11. DE FIETSKANTINE

Dies ist der erste Amsterdamer Fahrradladen mit Café und Friseur – ein origineller Treffpunkt, an dem man bei einem Cappuccino sein Fahrrad reparieren lassen kann (Lot sixty one). Oder man lässt sich am großen Tisch neben den Zeitung lesenden Leuten aus der Nachbarschaft die Haare schneiden (Bubbelkid). Oben gibt es einen Arbeitsplatz für Freiberufler. Dort kann in Ruhe gearbeitet werden. Auf jeden Fall ist immer etwas los, und das macht Spaß.

Overtoom 141, 1054 HG Amsterdam
+31 6 16365494
www.defietskantine.nl

12. FRIDAY NEXT

In diesem Café mit angrenzendem Laden und Einrichtungsstudio kann man ganz in Ruhe einen Smoothie oder Cappuccino trinken. Leute aus der Nachbarschaft arbeiten an ihrem Laptop, haben Geschäftsmeetings oder essen einfach ein Brötchen mit Salat. Durch den lebendigen Mix entsteht eine gemütliche, freundliche Atmosphäre. Zu kaufen gibt es eine ausgefallene Designkollektion, Mode und Einrichtungsgegenstände bekannter Marken sowie exklusive Stücke von niederländischen Designern. Werfen Sie auch einen Blick in den inspirierenden Blog!

Overtoom 31, 1054 HB Amsterdam
+31 20 6123292
www.fridaynext.com

FRIDAY
CAFÉ
ADVIES
CONCEPT
STORE
DESIGN
Open

FLAT WHITE
LATTE
Today's Special

13. KOFFIE ACADEMIE

Viele Menschen aus dem Viertel trinken hier ihren ersten Kaffee des Tages. Die Bohnen röstet Inhaber Jeffrey selbst, die Croissants und der Möhrenkuchen (eine echte Empfehlung!) sind hausgemacht. Die Einrichtung in Industriedesign mit viel Holz wurde vom Eigentümer selbst entworfen und kann erworben werden. Genauso wie die Kunstwerke junger Talente, die in wechselnden Ausstellungen präsentiert werden.

Overtoom 95, 1054 HD Amsterdam
+31 20 3707981
www.koffie-academie.nl

SHOPPEN

2 DE BALKONIE
3 RASALILA D.I.Y. ATELIER
4 ACCESS TO TOOLS
6 THINGS I LIKE THINGS I LOVE
8 DE NIEUWE BOEKHANDEL

ESSEN & TRINKEN

1 WHITE LABEL COFFEE

SCHLAFEN

5 HOTEL NOT HOTEL

MÄRKTE

7 ROMMELIGE ZONDAG

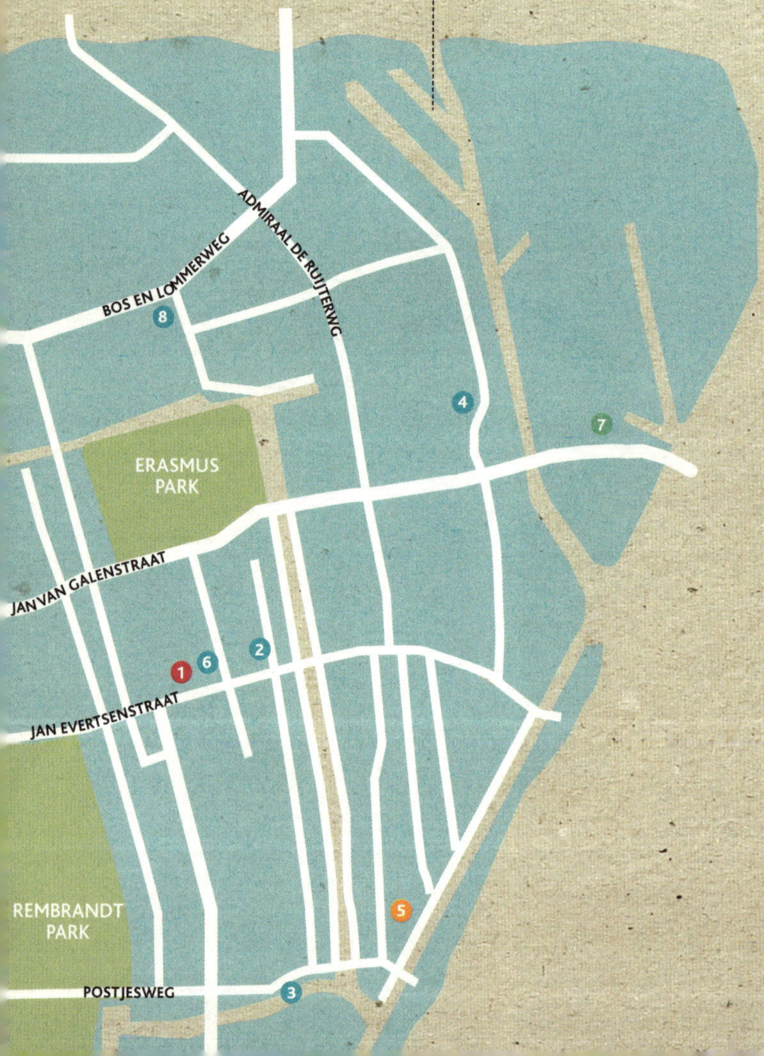

DE BAARSJES & BOS EN LOMMER

Bis vor Kurzem wurde man mitleidig angeguckt, wenn man hierher zog. Heute gelten beide als vielversprechende Stadtviertel. De Baarsjes und Bos en Lommer sind multikulturelle Anziehungspunkte für junge, kreative Leute geworden. Auf der breiten, quirligen Jan Eef (Jan Evertsenstraat) gibt es viele inspirierende Läden und Cafés. Man muss allerdings ein bisschen suchen, denn sie befinden sich nicht alle an einem Fleck. Auch in Bos en Lommer (im Volksmund Bolo genannt) verändert sich das Straßenbild allmählich durch die zuziehenden Künstler und jungen Familien. In der Jan van Galenstraat um die Ecke versteckt sich zwischen den Hochhäusern ein besonderer Gartenladen, den Sie unbedingt besuchen müssen.

1. WHITE LABEL COFFEE

Ihnen ist ein einfacher Kaffee ohne Schnickschnack am allerliebsten? Dann sind Sie in diesem Café mit ein paar Sitzplätzen genau richtig. Die Inhaber Elmer und Francesco sind echte Kaffeeliebhaber. Ihnen geht es um den reinen Geschmack (also lieber keine Milch, Sojamilch oder Sirups). Die Bohnen beziehen sie aus Äthiopien oder Sumatra und rösten sie in den hinteren Räumen selbst – nehmen Sie sich ein Päckchen für zu Hause mit! An der großen Wand hängen wechselnde Werke von jungen Designern und Illustratoren.

Jan Evertsenstraat 136, 1056 EK Amsterdam
+31 20 7371359
www.whitelabelcoffee.nl

SPECIALLY SELECTED
BY TRABOCCA
ARABICA SUMATRA
BLUE BATAK
GREEN COFFEE BEANS
SPECIALLY SELECTED
BY TRABOCCA
BV, AMSTERDAM
THE NETHERLANDS
CERTIFIED ACC.
CHEMEX
CHEMEX

2. DE BALKONIE

In Friederikes Laden erhalten Sie unendlich viel Inspiration für Ihren Balkon. Zum Beispiel Pflanzen und Kräuter, die auf wenig Platz im Schatten gedeihen. Oder wie wäre es mit einem Vogelhäuschen, Teppichen oder Krähenattrappen, um die Tauben fernzuhalten? Friederike selbst hat keinen grünen Daumen, weiß aber, wie man aus einem Balkon etwas macht. Gerne erzählt sie Ihnen, wie Sie Ihren langweiligen Balkon zu einem coolen Hotspot umgestalten.

Jan Evertsenstraat 90, 1056 EG Amsterdam
+31 6 28710318
www.debalkonie.nl

3. RASALILA D.I.Y. ATELIER

Der Kreativladen der Schwestern Floortje und Willemijn ist ein Paradies für alle, die gern basteln, nähen und falten oder Mode lieben. Hier finden Sie zahllose DIY-Bücher, Garne, Papier, Knöpfe, Stempel und Bändchen für eigene Kreationen. An dem großen Tisch hinten im Laden geben die Schwestern regelmäßig Workshops aller Art: von Schablonenzeichnen über Einrichtungsstyling bis hin zur Herstellung von Lippenbalsam oder Cupcakes.

Postjesweg 15, 1057 DT Amsterdam
+31 6 46390468
www.rasalila-atelier.nl

KLEUR

BOEKEN

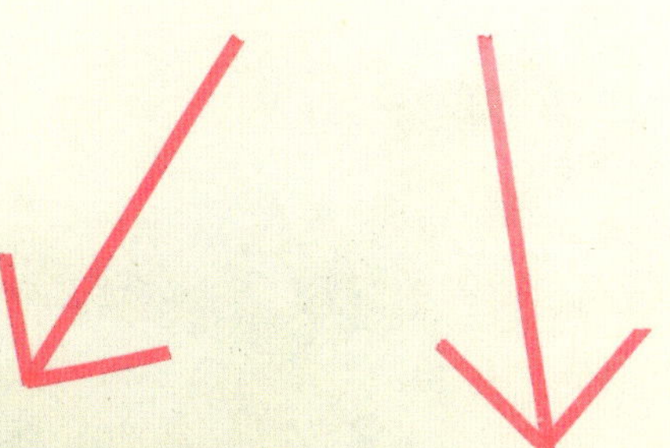

4. ACCESS TO TOOLS

In diesem Ökoladen können Sie Gemüse, Obst und Kräuter direkt aus dem angeschlossenen Garten kaufen. Initiatorin Natascha baut zusammen mit anderen Nachbarn auf der Grünfläche inmitten von Hochhäusern nachhaltig Lebensmittel an und arbeitet zudem an einem Lebensmittel-Abfall-Kreislauf. In unterschiedlichen Workshops erfahren Sie alles übers Einmachen von Gemüse und Obst. Natascha möchte auf diese Weise zu einer nachhaltigen Gesellschaft beitragen.

Jasper Leijnsenstraat 21, 1056 XW Amsterdam
+31 6 44504974
www.icanchangetheworldwithmytwohands.nl

965

5. HOTEL NOT HOTEL

Hier schläft man in einer alten Straßenbahn oder in einem Geheimzimmer hinter dem Buchregal. Das Hotel, oder eigentlich nicht, liegt gegenüber der großen Moschee (sie ist nicht zu verfehlen) und wurde von einigen jungen Designern (Collaboration-O) entworfen, die sich von der Eindhoven Design Academy kennen. Nur ein paar Zimmer haben eine eigene Dusche und ein WC. Das gesamte Leben spielt sich in der großen Lounge ab. Hier gehen die Einheimischen zum Zeitunglesen, Mittagessen oder Cappuccinotrinken ein und aus.

Piri Reisplein 34, 1057 KH Amsterdam
+31 20 8204538
www.hotelnothotel.com

SANNE OVERMAAT UND PETRA VERWAA

An der Grenze zwischen De Baarsjes und Bos en Lommer betreiben **SANNE** und **PETRA** einen Concept Store mit tollen Vintage- und Secondhand-Sachen, Kleidung von jungen Designern und ihrem eigenen Label mit hübschen Basics. Nur Dinge, die ihr Herz höherschlagen lassen, bekommen einen Platz im Laden. Sie wollen für andere ein Ort der Inspiration sein, darum ist alles mit Sorgfalt und Liebe hergestellt.

6. THINGS I LIKE THINGS I LOVE
Jan Evertsenstraat 106, 1056 EH Amsterdam
+31 20 7894344
www.thingsilikethingsilove.nl

»Amsterdam ist eigen, anonym und frei, eine Stadt, in der wir wir selbst sein können.«

WIE WÜRDET IHR DEN AMSTERDAMER STIL BESCHREIBEN?
Eigen, anonym und frei. Eine Stadt, in der wir wir selbst sein können, uns aber auch gegenseitig inspirieren.

WAS STEHT IN EUREM GEHEIMEN ADRESSBUCH?
Mana Mana (Seite 105), ein großartiges israelisches Bistro mitten in De Pijp, wo es köstliche Häppchen gibt. Und wenn es ein sonniger Platz sein soll: Im **Pacific** ist immer ein Platz frei, dazu ein Bier, ganz ungezwungen und mal nicht so hip.

WO SUCHT IHR INSPIRATION?
Bei **Sprmrkt** in der Rozengracht (Seite 136). Der schönste kreative Laden Amsterdams.

WELCHES IST EUER LIEBLINGSVIERTEL?
West mit De Baarsjes. Dort gibt es viel zu entdecken. Und De Pijp wird seit einigen Jahren auch richtig nett. Die Spießer haben sich ein bisschen verzogen und es werden immer mehr schöne Läden eröffnet. Die Gerard Doustraat ist sehr im Kommen, genau wie die Ceintuurbaan.

WO MÖCHTET IHR UNBEDINGT HIN?
Ins Rijksmuseum, gerade jetzt nach dem Umbau, aber die lange Schlange davor schreckt uns ein wenig ab.

WAS DARF MAN IN AMSTERDAM AUF KEINEN FALL VERPASSEN?
Die vielen Foodevents und Lebensmittelmärkte. Eigentlich ist an jedem Wochenende in Amsterdam irgendwo etwas Besonderes los. Die Foodtrucks haben so leckeres Essen, dass sie die etablierten Restaurants in den Schatten stellen.

7. ROMMELIGE ZONDAG

In der einstigen Kantine der Händler des benachbarten Markts kommen Flohmarkt-Liebhaber am »Rommelige Zondag« (Trödelsonntag) ganz auf ihre Kosten. Fast jeden Monat warten attraktive Vintage-Stücke, Secondhand-Designerkleidung, Retro-Goodies, Trödel und viele Upcycling-Möbel hier auf Schnäppchenjäger. Natürlich dürfen Sie auch selbst etwas verkaufen. Im Gegensatz zu einem »normalen« Trödelmarkt kann man hier außerdem herrlich Kaffee trinken, einen Salat essen oder nach sechs noch etwas bleiben, wenn die DJs ihre Turntables anwerfen.

De Marktkantine
Jan van Galenstraat 6, 1051 KM Amsterdam
+31 20 7231760
www.marktkantine.nl

8. DE NIEUWE BOEKHANDEL

Der Buchladen von Monique ist ein beliebter Treffpunkt für Bücherfreunde. Man sieht es nicht auf den ersten Blick, aber das Angebot an interessanter Literatur, Kochbüchern, Kinderbüchern und E-Books ist riesig. Die Eigentümerin ist in den sozialen Netzwerken und im Internet sehr aktiv. Zum Beispiel gibt sie Büchertipps auf Youtube. Autoren kommen gern zu Lesungen und alle drei Wochen darf ein Bücherfreund im Laden übernachten. Diese Idee entstand, als ein Käufer im Londoner Buchladen Waterstones eingeschlossen worden war und per Twitter um Befreiung bat.

Bos en Lommerweg 227, 1055 DT Amsterdam
+31 20 4867722
www.denieuweboekhandel.nl

Clavis
Wim Bos
De bende van
LIJPKOT
Annie M.G. Schmidt
& Fiep Westendorp
Pluk
van de Petteflet
Querido

SHOPPEN

5 BLENDER

6 TARWEGRASKONING

ESSEN & TRINKEN

1 VAN MECHELEN

2 CAFFÈNATION

3 DE SAPKAR

4 VONDELTUIN

OUD-ZUID

Oud-Zuid gehört zu den schickeren Bezirken von Amsterdam, vor allem die schattigen Straßen und Plätze rund um das Concertgebouw, den Museumplein und den Vondelpark. Wegen der prächtigen Alleen, der Herrenhäuser und der Nähe zum Centrum ist das Viertel bei den Reichen und Schönen sehr beliebt. Es gibt hier viele schicke Läden und auch die großen Museen sind hier zu finden. Die kleineren, ausgefalleneren Läden und Bistros liegen hingegen auf der anderen Seite des Vondelparks und im Schinkelviertel.

HOBBEMAKADE
5

1. VAN MECHELEN

Das altmodische Stadtcafé hat sich in einem Industriegebäude mit hohen Decken und kahlen Wänden eingerichtet. In diesem Viertel sind solche Locations eher selten, was den Ort noch attraktiver macht. Die Karte ist klassisch und ungekünstelt (zum Teil auch gehoben); es gibt belgisches Bier, Bitterballen, französische Charcuterie und guten Käse. Vorne an der Bar fühlt man sich wie in einer alten Amsterdamer Kneipe. Viele Anwohner trinken hier morgens einen Kaffee.

Sloterkade 96–97, 1058 HK Amsterdam
+ 31 20 2212348
www.stadscafevanmechelen.nl

2. CAFFÈNATION

Barista Bert aus Antwerpen hat sich auf die Herstellung hervorragenden Kaffees spezialisiert. Er mag es gemütlich und hat seine Kaffeebar zu einem behaglichen Wohnzimmer gemacht. Die Bohnen röstet er selbst, und auch die Schokolade ist selbst gemacht (ein Tipp!). Geschmolzen ergibt sie einen leckeren warmen Kakao. Caffènation ist ein Stück Antwerpen in Amsterdam. Sogar die Möbel und die Kunst stammen von Antwerpener Künstlern.

Theophile de Bockstraat 37 i, 1058 TX Amsterdam

MARJOLEIN VAN DER WAL

MARJOLEINS charakteristischer Piaggio Ape fällt sofort auf. Damit fährt sie durch die ganze Stadt und verkauft ihre gesunden Smoothies und Säfte. Sie ist ein richtiger Gesundheitsfreak und stellt alles aus Bio-Gemüse und Bio-Obst her, das sie langsam presst, sodass die Nährstoffe weitestgehend erhalten bleiben. Den zur Saftbar umgebauten Piaggio treffen Sie regelmäßig in der Nähe des Vondelparks an, aber auch auf Festivals und kleinen Märkten.

3. DE SAPKAR
www.de-sapkar.nl
+31 6 28274869

»Es brodelt immer in der Stadt und an jeder Straßenecke passiert etwas Spannendes.«

WIE WÜRDEST DU AMSTERDAM BESCHREIBEN?
Eine Stadt, die immer brodelt und wo an jeder Straßenecke etwas Spannendes passiert. Eine Stadt, in der die Menschen ihren Leidenschaften und Fähigkeiten Raum geben können.

WAS STEHT IN DEINEM GEHEIMEN ADRESSBUCH?
Boekalicious (Seite 180), ein Bistro mit angeschlossenem Kochbuchladen in Watergraafsmeer, wo es Bio-Croissants, herrlichen Kaffee, schöne Kochbücher und kulinarische Romane gibt.

WOHIN GEHST DU, WENN DU INSPIRATION SUCHST?
In die **Foodhallen** (Seite 190) und auf Märkte wie den **Neighbourfood Market** (Seite 248), den **Pure Markt** und den **Sunday Market** (Seite 239). Hier erlebt man echte Profis und ich lerne viel darüber, wie man eine gute Atmosphäre erzeugt.

WELCHES IST DEIN LIEBLINGSVIERTEL?
Die Javastraat, in der ich auch wohne. Die Entwicklung hier ist rasant. In der Straße gibt es inzwischen viele tolle Läden und Cafés.

WO MÖCHTEST DU UNBEDINGT HIN?
Ins Stedelijk Museum und ins Anne-Frank-Haus.

WAS DARF MAN IN AMSTERDAM NICHT VERPASSEN?
Die Rollenden Küchen einmal im Jahr im Mai auf dem Gelände der Westergasfabriek und den **Neighbourfood Market** (Seite 248) jeden dritten Sonntag im Monat, auch auf dem Westergas-Gelände.

Drink raw,
Live Long
Supersappen
330 ml | 500 ml
• Superkool
– Orange | Kale | Spinach | Lemon
• Goed bloed kan niet liegen
– Apple | Beetroot | Ginger | Mint
• Je ogen de kost geven
– Pineapple | Sweet potato | Carrot
• Schoon schip maken
– Apple | Spinach | Cucumber | Celery | Lime
• Een dikke huid hebben
– Apple | Carrot | Ginger
330 ml | 500 ml
€3,50 €4,50
30 ml | 50 ml
Orange
Wheatgrass
Apple-Ginger
Like us
Follow us
/desapkar
/desapkar
/desapkar
V. RIEZEN V. ZANDEN
1959

4. DE VONDELTUIN

An dem ruhigen Plätzchen im Vondelpark lässt es sich am besten faul in einem Liegestuhl auf der großen Sonnenterrasse aushalten. Man fühlt sich hier wie zu Hause im Garten. Kein Wunder, dass dies für viele Anwohner die Verlängerung ihres Hauses ist. Es herrscht eine freundliche Gypsy-Atmosphäre (die Fotos aus den 1960ern in dem winzigen Café erinnern an die Flower-Power-Zeit). Und am Mittwochnachmittag erobern die Kinder den Spielplatz und die Mütter nippen am Weißwein, denn man darf ein Getränk zum Sandkasten mitnehmen.

Vondelpark 7, 1075 VR Amsterdam
+31 6 27565576
www.vondeltuin.nl

5. BLENDER

An der Grenze zwischen dem schicken Oud-Zuid und dem hippen De Pijp haben Eline und Roelien (beide Mütter von drei kleinen Kindern) ein gemütliches Familiencafé eröffnet. Man kann eine Kleinigkeit essen, shoppen, und jeden Mittwochnachmittag kommt der Kinderfriseur vorbei. Die ganz Kleinen krabbeln auf dem Boden herum und wenn Ihr Sprössling etwas verschüttet, wird das hier ganz locker gesehen. Wochentags sind alle Plätze mit Müttern und Nannys aus der Nachbarschaft besetzt. Kein Wunder, denn in Amsterdam gibt es nicht viele Orte wie diesen.

Ruysdaelstraat 9–13, 1071 WX Amsterdam
+31 20 8452615
www.blenderamsterdam.nl

6. TARWEGRASKONING

Eigentümer Auke verkauft nur Weizengras (den Keim der Weizenpflanze) und alles, was dazugehört. Probieren Sie doch mal einen Weizengras-Shot oder einen Smoothie an der Bar am Fenster. Für Einsteiger hat der ehemalige Yogalehrer eine mildere Karotten-Rote-Bete-Variante kreiert. Viele Gesundheitsbewusste der Stadt bestellen bei Auke ihr frisches Weizengras, das in hohen Regalen im Ladenlokal sprießt. Daneben gibt es auch alle möglichen Superfoods, von Hennasamen und Inkabeeren über Spirulina bis hin zu purer Schokolade von Chocodelic.

Roelof Hartstraat 10, 1071 VH Amsterdam
+31 20 8200376
www.tarwegraskoning.nl

SHOPPEN

1 BUURTBOERDERIJ ONS GENOEGEN
4 ANNEMIEKE BOOTS CERAMICS

ESSEN & TRINKEN

3 DE CULINAIRE WERKPLAATS
5 DOK
7 DOPHERT
8 MOSSEL & GIN
9 ESPRESSOFABRIEK

MÄRKTE

2 SUNDAY MARKET
6 NEIGHBOURFOOD MARKET

WESTERPARK

Westerpark ist traditionell ein echter Arbeiterbezirk und das Staatslieden-Viertel war in den 1960er Jahren eine Hochburg der Hausbesetzer (*krakers*). Seit es gründlich saniert wurde, wohnen dort Angehörige der verschiedensten Kulturen, Künstler, Familien und Studierende. Im Kulturpark Westerpark brodelt die Kreativität und regelmäßig finden Food- und Vintage-Märkte statt sowie kleine Festivals und Ausstellungen. Die interessantesten Orte findet man häufig in den Straßen rund um den Park und auf der anderen Seite der Gleise im Spaarndammerviertel. Viele Amsterdamer radeln durch die ganze Stadt, um hierherzukommen.

1. BUURTBOERDERIJ ONS GENOEGEN

Auf dem über 100 Jahre alten Stadtbauernhof fühlt man sich ganz in der Natur. Dabei befindet man sich mitten in der Stadt. Schafe, Hühner und Ziegen laufen umher und überall sprießen herrliche Blumen und Heilkräuter. Essen oder trinken Sie etwas, besuchen Sie ein Konzert, eine Yogastunde oder das Freiluftkino. Alles wird ehrenamtlich organisiert. Den Weggeefwinkel (»Weggebeladen«) sollten Sie keinesfalls versäumen. Dort erhalten gebrauchte Sachen ein zweites Leben. In den Worten von Mahatma Gandhi: »Die Welt hat genug für jedermanns Bedürfnisse, aber nicht für jedermanns Gier.«

Spaarndammerdijk 319, 1014 AA Amsterdam
+31 20 3376820
www.buurtboerderij.nl

2. SUNDAY MARKET

Der Sonntagsmarkt auf dem Gelände der Westergasfabriek ist von den Märkten in Spitalfield und Camden in London inspiriert. Man kann einkaufen, essen, sich anregen lassen und Karussell fahren. Vintage-Kleidung, Retrosachen, handgefertigte Keramik, Schmuck, Kunst und viele hübsche Objekte junger Designer warten hier auf neue Besitzer. Die Atmosphäre ist locker, und die Kinder rennen zwischen den Ständen hin und her. Der Sunday Market findet einmal im Monat statt – auf der Internetseite stehen die Termine.

Haarlemmerweg 8–10, 1014 BE Amsterdam
www.sundaymarket.nl

Onze broden
zijn gecertificeerd

3. DE CULINAIRE WERKPLAATS

Das Designer-Duo Marjolein und Eric denkt sich Foodkonzepte aus, mit denen es zum bewussten Essen anregen möchte. Sie entwickeln immer wieder neue Themen – zum Beispiel Rot, Blumen oder Emotionen – und kreieren dazu ihre Gerichte. Das machen sie vor allem für Kunden. Freitags und samstags ist ihr Restaurant aber für alle geöffnet. Die beiden kochen dann fünf überraschende Gerichte zu einem zuvor festgelegten Thema, das jeden Monat wechselt.

Fannius Scholtenstraat 10, 1051 EX Amsterdam
+31 6 54646576
www.deculinairewerkplaats.nl

ANNEMIEKE BOOTS

Künstlerin **ANNEMIEKE** fertigt Geschirr, Schalen, Löffel und andere Objekte aus Keramik, die in ihrer Schlichtheit und Zartheit einmalig sind. In ihrem kleinen Atelier am Wasser herrscht absolute Ruhe. Dort kann man sie fast täglich bei der Arbeit an ihrer Drehscheibe beobachten. Annemieke verwendet Steingut und Porzellan und probiert immer wieder neue Varianten. Sie liebt die Arbeit mit den Elementen Erde, Wasser und Feuer, und das spiegelt sich in ihrer Kunst wider. Ihre Werke verkauft sie in ihrem Atelier, das sie sich mit den Künstlern Marie-José Schulte und Bill William teilt, sowie an Restaurants und Läden.

4. ANNEMIEKE BOOTS CERAMICS
Buyskade 128, 1051 ME Amsterdam
www.annemiekebootsceramics.nl

»Ich liebe die Freiheit und Kreativität der Stadt, in der jeder sein kann, wie er ist.«

WAS BEDEUTET AMSTERDAM FÜR DICH?
Amsterdam bedeutet für mich Freiheit und Kreativität. Alle dürfen so sein, wie sie sind. Die Stadt ist klein und gleichzeitig groß. Klein, weil man in kürzester Zeit alles zu Fuß oder mit dem Rad erreichen kann. Groß ist sie wegen ihrer verschiedenen Kulturen und Stile. Einen spezifischen Amsterdamer Stil gibt es meiner Meinung nach nicht, alles ist möglich!

WAS STEHT IN DEINEM GEHEIMEN ADRESSBUCH?
Outras Coisas im Jordaan, ein kleines Geschäft für Wohnaccessoires, Kleidung und Schmuck. Man kann gemütlich ein Schwätzchen halten und findet vielleicht einen Schal, eine Tasche, Keramik oder eine hübsche Kerze.

WOHIN GEHST DU, WENN DU INSPIRATION SUCHST?
Dann trinke ich einen Kaffee in einem Café oder Concept Store. Ich tausche mich mit Freunden über Ideen aus oder entwerfe eine neue Keramikserie. Meine Favoriten sind **Cottoncake** (Seite 107) in De Pijp, **Coffee & Juices** am Hugo de Grootplein und **Koko Coffee & Design** im Centrum.

WELCHES IST DEIN LIEBLINGSVIERTEL?
Der Jordaan und Oud-West. Ich wohne in Oud-West und liebe dort die Mischung der Leute,

die vielen verschiedenen Läden und Cafés, den Vondelpark, den **Ten Katemarkt** und die Restaurants. Der Jordaan hat wieder eine ganz andere Atmosphäre mit den Grachten, der Haarlemmerstraat, der Westerstraat und dem **Wohnladen Aarde**, der Naturdrogerie **Lavendula** und dem **Boerenmarkt** (Seite 31) am Samstag.

WO MÖCHTEST DU UNBEDINGT HIN?
Auf meiner Liste stehen noch einige Parks, etwa der Park Frankendael in Watergraafsmeer. Einmal im Monat findet dort auch der **Pure Markt** mit traditionellen Gerichten und regionalen Lebensmitteln statt. Ein schöner Anlass für einen Besuch.

5. DOK

Die Amsterdamer lieben Stadtstrände. Dort kann man sich den Wind um die Nase wehen lassen, ohne die Stadt verlassen zu müssen. Bei DOK herrscht eine entspannte Atmosphäre. Gönnen Sie sich einen Wein oder tun Sie beim Yoga etwas für Körper und Seele. Abends knistert ein Lagerfeuer und die Kinder können ungestört zwischen den Containern toben. An einem sonnigen Tag laden die Liegestühle dazu ein, die Aussicht aufs IJ zu genießen. Aber denken Sie daran, dass man dort nicht schwimmen kann.

Moermanskkade 71, 1013 BC Amsterdam
+31 6 19860087

dok

6. NEIGHBOURFOOD MARKET

Wenn Sie bodenständiges Essen mögen, ist dieser Markt auf dem Gelände der Westergasfabriek das Richtige für Sie. Jeden dritten Sonntag im Monat rollen die regionalen Bauern, Saftpresser, Suppenköche, Teekocher, Bierbrauer, Käsehersteller und Wurstdreher mit ihren Bio-Produkten an. Schlendern Sie zwischen den Ständen umher oder kapern Sie mit Ihren Freunden einen der langen Biertische. Auch der Trödel nebenan lädt zum Stöbern ein. Die Atmosphäre ist hier immer entspannt, darum komme ich an einem sonnigen Sonntag gern hierher.

Polonceaukade 27, 1014 DA Amsterdam
www.neighbourfoodmarket.nl

7. DOPHERT

Echte Veganer kommen hier ganz auf ihre Kosten. Laura und Balda haben in der trendigen Spaarndammerstraat das erste vollständig vegane (also ei- und laktosefreie) Bistro Amsterdams eröffnet, das neben Toasties mit Chorizo-Seitan, Mandelmilch, Tofu-Scramble und Kürbishummus auch zahlreiche köstliche, hausgemachte Kuchen anbietet. Oben stehen kleine Tische mit bunten Stühlen und an der Wand hängen ständig wechselnde Kunstwerke.

Spaarndammerstraat 49, 1013 ST Amsterdam
+31 20 7520581
www.dophertcatering.nl

8. MOSSEL & GIN

Haben Sie Lust auf ein bisschen New-York-Feeling? Dann sind Sie hier richtig. Die Inhaber Josh und Wouter servieren im hübschesten Haus auf dem Gelände der Westergasfabriek Muscheln und Meeresfrüchte. Es ist eine faszinierende kulinarische Welt, die sich einem hier eröffnet: So viele Variationen von Seegetier hält man kaum für möglich. Die Einrichtung ist schlicht und geschmackvoll. Die wenigen Tische machen den Raum gemütlich. Im Sommer sitzt man allerdings mindestens genauso gut auf der riesigen Terrasse. Natürlich mit … einem Gin Tonic.

Gosschalklaan 12, 1014 DC Amsterdam
+31 20 4865869
www.mosselengin.nl

espressofabriek
39

9. ESPRESSOFABRIEK

Das entspannte Café liegt versteckt zwischen den vielen Industriebauten auf dem Gelände der ehemaligen Westergasfabriek. Eigentümer Rik röstet die Bohnen selbst im Dachgeschoss. Wer nach oben schaut, sieht die Jutesäcke mit Kaffee dort liegen. In der Woche klappen hier die Freiberufler ihren Laptop auf, um ganz in Ruhe den Nachmittag über zu arbeiten. Zum köstlichen Kaffee schmeckt ein Stück traditioneller Apfelkuchen.

Pazzanistraat 39, 1014 DB Amsterdam
+31 20 4862106
www.espressofabriek.nl

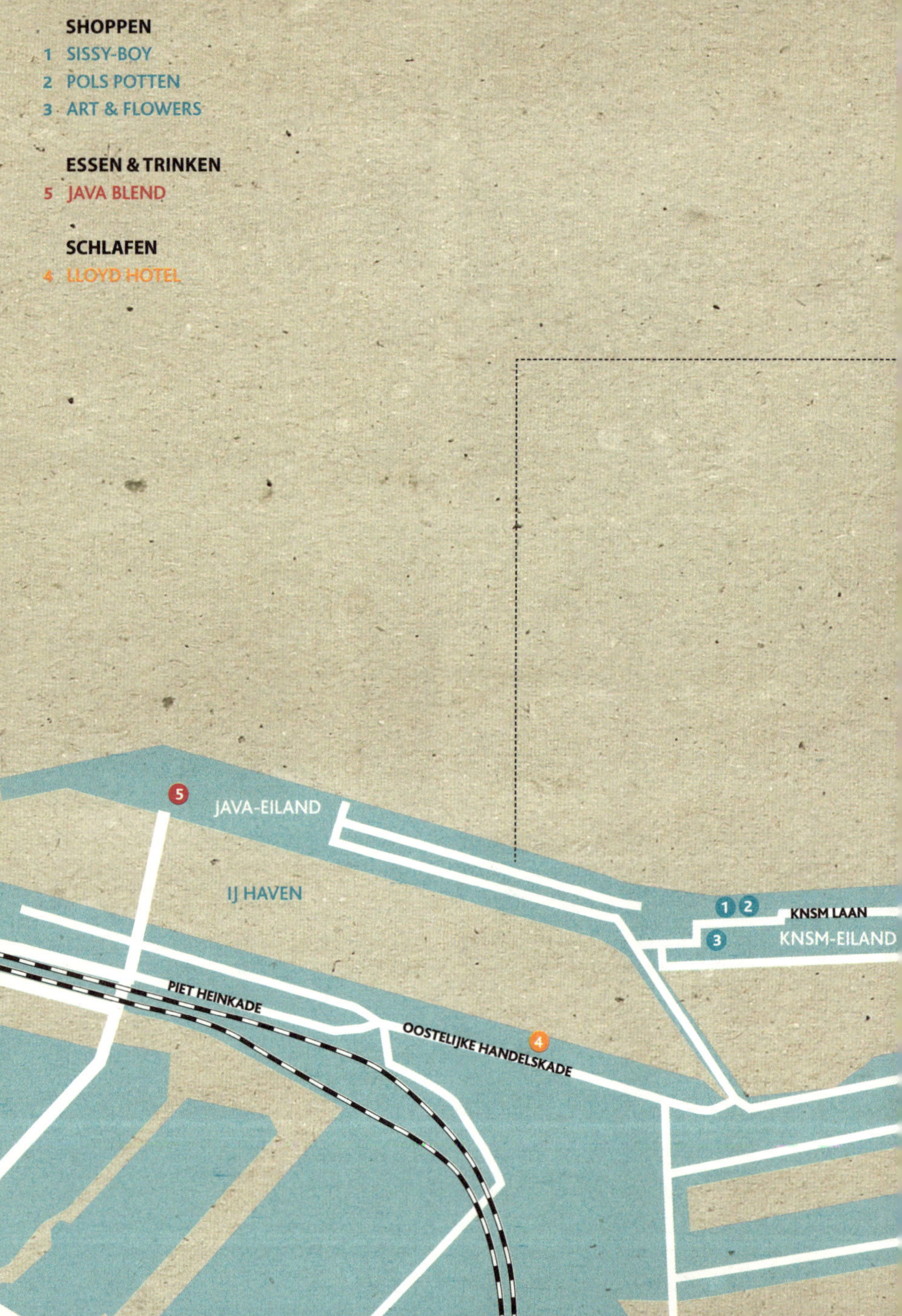
SHOPPEN
1 SISSY-BOY
2 POLS POTTEN
3 ART & FLOWERS
ESSEN & TRINKEN
5 JAVA BLEND
SCHLAFEN
4 LLOYD HOTEL
JAVA-EILAND
IJ HAVEN
KNSM LAAN
KNSM-EILAND
PIET HEINKADE
OOSTELIJKE HANDELSKADE

OOSTELIJK HAVENGEBIED

Das Oostelijk Havengebied ist ein ganz besonderes Viertel. Abgesehen davon, dass hier ständig ein starker Wind geht, ist es für Freunde moderner Architektur ein Muss. Früher befand sich hier der Seehafen von Amsterdam, später kamen die Künstler und Hausbesetzer. Die alten Hafengebäude und Kais sind erhalten geblieben und gehen jetzt eine überraschende Verbindung mit der vielgerühmten Stadtentwicklungsstrategie »Kompakte Stadt« ein. Im Oostelijk Havengebied, bestehend aus einer Reihe von Inseln, darunter KNSM und Java, herrscht eine ganz besondere Atmosphäre: eine Mischung aus Weltstadt und Dorf. Man kann gut umherschlendern, über das IJ schauen und durch die kleinen Läden in den alten Stapelhäusern und Hafengebäuden bummeln.

1. SISSY-BOY

In Läden wie diesem kann ich stundenlang stöbern. Bei Sissy-Boy gibt es ansprechende Basics, Jacken, Schals (auch für Kinder) und immer eine attraktive Auswahl an Vasen, Geschirr, Schalen, Plaids, Notizbüchern, Papier und schön gestalteten Büchern. Hier bekomme ich Inspiration und gute Ideen. Im angeschlossenen Café kann man bei einem köstlichen Kaffee von Brandmeesters das Treiben um einen herum beobachten. Weitere Anregungen finden Sie beim Nachbarn Pols Potten.

KNSM-laan 19, 1019 LA Amsterdam
+ 31 20 4191559
Weitere Filialen unter www.sissy-boy.nl

LUCAS PRIESMAN

Wer niederländisches Design mag, schwingt sich aufs Rad und macht eine Tour zur schönen KNSM-Insel. In einem großen ehemaligen Stapelhaus residiert Pols Potten mit einer riesigen Auswahl an Vasen, Lampen, Geschirr, Tischen, Sofas, Textilien und vielen schön gestalteten Büchern des eigenen Labels und anderer Designer. Hinten im Gebäude stellen junge Talente ihre Entwürfe aus, die manchmal auch in die Sammlung von Pols Potten aufgenommen werden. Weitere Wohn- und Styling-Ideen finden Sie bei Sissy-Boy nebenan (siehe Seite 257).

2. POLS POTTEN
KNSM-laan 39, 1019 LA Amsterdam
+31 20 4193541
www.polspotten.nl

»Amsterdam ist wie eine warme Decke. Es ist eine Weltstadt, aber eine kleine.«

WIE WÜRDEST DU AMSTERDAM BESCHREIBEN?
Amsterdam ist eine Weltstadt, aber eine kleine. Ich liebe sie, weil sie alles bietet: alle Formen von Kunst, Architektur, Mode, Werbemachern, Design und dazu eine bunt gemischte Bevölkerung. Amsterdam ist wie eine warme Decke. Hier fühle ich mich geborgen: Ich verstehe die Codes und spreche die Sprache.

WAS STEHT IN DEINEM GEHEIMEN ADRESSBUCH?
Bevor ich morgens in den Laden gehe, hole ich mir bei **Helena Primakoff** in der Czaar Peterstraat einen Joghurt mit Krokantmüsli, ein Glas frisch gepressten Saft und einen Cortado.

WOHIN GEHST DU, WENN DU INSPIRATION SUCHST?
Ins Stedelijk Museum, dort treffen Vergangenheit und Gegenwart, Schönheit und Hässlichkeit aufeinander. An dieser Bruchstelle finde ich meine Inspiration. Aber auch eine Radtour durchs ländliche Noord inspiriert mich.

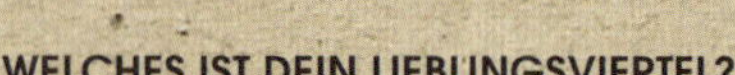

WELCHES IST DEIN LIEBLINGSVIERTEL?
De Pijp. Lange Zeit hielt ich das Viertel für vollkommen überbewertet. Alle taten so, als wäre es der Nabel der Welt. Aber inzwischen gefällt mir die lebendige Atmosphäre dort.

WAS DARF MAN IN AMSTERDAM NICHT VERPASSEN?
Den **Dappermarkt** in Oost um neun Uhr morgens, wenn die Standplätze verteilt werden. Die Stimmen, Sprachen, das ganze Brimborium, das veranstaltet wird, vor allem aber auch die gut gelaunten Ur-Amsterdamer, die dort herumlaufen. Sehr lustig!

COMFORT FOOD
MORE
pols potten

3. ART & FLOWERS

Das winzige Atelier ist voll mit den zauberhaftesten Blumen und Vasen. Eduard und Marcellus verstehen es meisterhaft, Blumen mit Kunst zu kombinieren, und kreieren die schönsten Ensembles. Sie sind immer auf der Suche nach den neuesten Trends und entwerfen viel für Veranstaltungen und besondere Gelegenheiten, stellen aber auch Ihnen einen tollen Strauß zusammen.

KNSM-laan 6, 1019 LL Amsterdam
+31 20 4192273
www.artandflowers.nl

4. LLOYD HOTEL

In dem hohen Gastraum des herrschaftlichen Gebäudes im Stil der Amsterdamer Schule vergisst man beinahe, dass man sich in einem Hotel befindet. Viele kommen zu einem Business Lunch oder auf einen Kaffee hierher und im Sommer lädt die große Sonnenterrasse zum Entspannen ein. Über 50 Künstlerinnen und Künstler haben an der Einrichtung des Hotels gearbeitet und jedes Zimmer ganz individuell gestaltet. Das Gebäude diente schon vielen Zwecken. Es war Sitz der Koninklijke Hollandsche Lloyd und der Gesellschaft der Zuid Amerika Lijn. Danach war es sogar einmal ein Gefängnis.

Oostelijke Handelskade 34, 1019 BN Amsterdam
+31 20 5613636
www.lloydhotelamsterdam.nl

5. JAVA BLEND

Als einer der ersten Bewohner der Java-Insel wünschte sich Robert einen großen Raum, einen Treffpunkt für Einheimische, Besucher und Freiberufler. Dass der Eigentümer von Java Blend Raumgestalter ist, fällt sofort ins Auge. Er hat das Café ganz im Art-déco-Stil eingerichtet und alles atmet den Geist der 1920er Jahre – eine Hommage an die Blütezeit der östlichen Häfen und Stapelhäuser. Unten gibt es eine kleine Gratis-Bibliothek, in der die Anwohner Bücher tauschen können. Außerdem wird hier immer ein Künstler der Insel ausgestellt.

Tosaristraat 1
1019 RT Amsterdam
+31 20 3585225
www.javablendamsterdam.nl

KPLEKKEN
OSITIE
RUIMT

DIE AUTORIN

MONIQUE VAN DEN HEUVEL ist Redakteurin, entwickelt kreative Konzepte und hat für niederländische Lifestylemagazine wie *Happinez* und *Flow magazine* gearbeitet. Sie wohnt seit über 20 Jahren in Amsterdam und ist immer auf der Suche nach ausgefallenen und originellen Orten, die sie begeistern und inspirieren. Sie glaubt, dass Kreativität der Schlüssel zum Erfolg ist, und hat sich auf die Suche gemacht nach stilvollen Geschäften, Cafés und anderen interessanten Plätzen, die Geschichten erzählen und von ihren Besitzern mit Liebe betrieben werden. Monique liebt Vintage, Blumen, Kunst und Handwerk sowie alles, was handgemacht, natürlich und ökologisch ist. In diesem Buch verrät sie mehr als 120 ihrer Lieblingsadressen.

REGISTER

C

D

E

4

IMPRESSUM

STYLEGUIDE AMSTERDAM
Autorisierte deutsche Ausgabe, veröffentlicht von National Geographic Deutschland
(NG Malik Buchgesellschaft mbH), Hamburg 2015.

Titel der niederländischen Originalausgabe: Amsterdam in Stijl

Mitarbeiter der deutschen Ausgabe:
Übersetzung: Ulrike Sawicki
Lektorat und Satz: Juliane von Laffert
Titelgestaltung: www.anjagrimmgestaltung.de (Gestaltung), www.stephanengelke.de (Beratung)

Printed in Italy

ISBN 978-3-86690-465-1

Texte und Fotos: Monique van den Heuvel (außer: S. 8 Niels Luigjes; S. 17, 18, 19 Jeltje Janmaat, SeenByBien; S. 58 Jitske Hagens (Wij Zijn Kees); S. 100, 102, 103 SeenByBien; S. 122, 123 Chris van Houts; S. 124 Carolien Baudoin; S. 135 Heleen Peeters, Lotte Klösters)
Design: Femke den Hertog

Bildnachweis Cover: Stadtplan © lesniewski/Fotolia.com, Straße © Andrey Kuzmin/Fotolia.com, Häuserzeile © plainpicture/Simo Vunneli, Brücke © Sisse Brimberg & Cotton Coulson, Keenpress/Getty Images; Papierstruktur © Shutterstock

Die National Geographic Society, eine der größten gemeinnützigen wissenschaftlichen Vereinigungen der Welt, wurde 1888 gegründet, um »die geographischen Kenntnisse zu mehren und zu verbreiten«. Sie unterstützt die Erforschung und Erhaltung von Lebensräumen sowie Forschungs- und Bildungsprogramme. Ihre weltweit mehr als neun Millionen Mitglieder erhalten monatlich das National Geographic-Magazin, in dem die besten Fotografen ihre Bilder veröffentlichen sowie renommierte Autoren aus nahezu allen Wissensgebieten der Welt berichten. Ihr Ziel: *inspiring people to care about the planet,* Menschen zu inspirieren, sich für ihren Planeten einzusetzen. Die National Geographic Society informiert nicht nur durch das Magazin, sondern auch durch Bücher, Fernsehprogramme und DVDs.

Mehr über National Geographic erfahren Sie auf unserer Website unter *www.nationalgeographic.de*